# Finanças descentralizadas 2022-2023

Estratégias comerciais e de investimento para iniciantes em moedas criptográficas e NFT

Edição 3.0

DEFI MEDIA HOUSE
&
EDITORA STELLAR MOON

# Isenção de responsabilidade

# Lucrar com o mercado de ursos?

O mercado de ursos é muitas vezes visto como um período negativo, onde os investidores, em sua maioria, vêem seu investimento evaporar. A maioria das pessoas compra quando a euforia é maior, o que, em retrospectiva, são muitas vezes os tempos de compra menos bons. É precisamente por isso que o mercado de ursos é interessante. A euforia se foi, mas as oportunidades ainda estão lá!

Durante este período, você tem a possibilidade de investir relativamente barato e colocar seu tempo e energia em desenvolvimentos interessantes, com os quais a maioria das pessoas não está ocupada naquele momento. Neste capítulo você descobrirá tudo o que diz respeito ao mercado de ursos, no qual eu o levarei a várias dicas, para que durante um mercado de ursos você possa tirar o máximo proveito deste período difícil!

**O que é um mercado de ursos?**
Nos mercados tradicionais, diz-se que um mercado de ursos ocorre quando ocorre uma queda de 20%. Investidores criptográficos experientes riem dessas porcentagens, que às vezes podem ocorrer diariamente no mercado criptográfico. Uma queda de 20% não incomoda nem mesmo muitos investidores criptográficos, enquanto o mercado de ações, por exemplo, gritaria assassinato azul.

Isto torna difícil dar uma resposta inequívoca à pergunta. Em qualquer caso, pode-se falar de um mercado de ursos quando o preço está em uma tendência descendente por um longo período de tempo e a confiança no mercado é muito baixa. Este pessimismo é causado pela queda dos preços e pela duração do mercado de ursos. Em geral, a maioria dos investidores é pessimista quanto ao futuro do crypto, portanto, neste caso, eles estão em baixa.

**Sentimento durante um mercado de ursos**
Um mercado de ursos não é o período mais eufórico de sua vida. Isto pode ser claramente visto no sentimento na terra criptográfica, onde muitos investidores estão se retirando ou se expressando negativamente através das mídias sociais. O medo está crescendo entre os investidores e cada vez mais pessoas estão se perguntando se o mercado se recuperará. Por medo, muitos investidores estão se retirando do mercado, preferindo vender seu criptograma com a perda atual em vez de segurar o investimento por mais tempo.

Para tirar proveito dos sentimentos, é útil notar suas próprias emoções em algum lugar. Isto se aplica tanto aos períodos mais agudos quanto aos mais grosseiros. Se mais tarde você se encontrar em uma situação semelhante ou reconhecer sentimentos semelhantes, você pode refletir sobre isso com base em seus tremores anteriores. Por exemplo, você tem muito medo depois que o preço do Bitcoin capitula? Isto já aconteceu muitas vezes antes, então você pode colocar melhor as emoções e o preço em perspectiva.

**Com estas dicas você passará com sucesso no mercado de ursos!**

Durante o mercado de ursos é muito fácil se concentrar em algo mais. Há muitas atividades que são aventureiras, entusiasmadas ou excitantes durante este período. O mercado criptográfico, onde os preços caem e o humor de muitos investidores também cai, é quando a maioria das pessoas gosta de gastar seu tempo.

Para ter certeza de que você pode se segurar durante este período, temos 7 dicas que podem ajudá-lo a manter o foco durante este período. Usando diferentes estratégias de investimento, você pode descobrir qual estratégia é certa para você e como aplicá-la!

### 1. Fazer um plano

As seguintes dicas contêm atividades específicas que o ajudarão a maximizar seus lucros durante um mercado de ursos. Mas o mais importante é esta dica: certifique-se de trabalhar sempre com um plano. Isto tornará suas atividades mensuráveis e você poderá ver como está o progresso, e também onde você pode errar. Além disso, também impede a FOMO, pois seu plano serve de guia.

Em seu plano, é importante explicar em detalhes como você vai investir e o que vai fazer com os retornos. Ao fazer isso, é também importante que você pense sobre o prazo. Tanto a curto como a longo prazo um plano é útil, mas aqui um objetivo também é importante. Em última análise, todo investidor tem um motivo, o que fez com que essa pessoa começasse a investir.

## 2. Parando suas moedas

Pode acontecer que você tenha perdido o barco durante uma corrida de touro anterior e não tenha sido capaz de vender suas moedas a tempo de obter um lucro. Quando o preço então faz uma grande queda, seu investimento está debaixo d'água. A muito curto prazo, há poucas chances de você ter lucro com estas moedas, mas você pode usá-las para expandir sua carteira. Ao descontinuar suas moedas, você garante que receberá mais criptogramas como recompensa. Especialmente para os ativos criptográficos menos arriscados, como o Bitcoin e a maioria das moedas estáveis, esta pode ser uma forma relativamente segura de expandir sua carteira.

Outra situação em que a piquetagem criptográfica é útil é se você decidir investir a longo prazo. Se você comprou suas moedas e decidiu mantê-las por um longo período de tempo, então apostar suas moedas é uma opção interessante. Isto permite que você aumente sua carteira, de forma semelhante à poupança na conta poupança. Você tranca em seu investimento e recebe uma taxa por ele. Entretanto, as porcentagens na criptografia são muito mais altas! Onde o banco dá apenas 0,1% de juros de poupança, com a criptografia você pode acertar com bastante facilidade com 10% como recompensa.

**3. Ganhe dinheiro com os NFT de diferentes maneiras!**
Também com os NFTs você pode começar a ganhar dinheiro de diferentes maneiras. Você pode fazer isso comprando e depois possuindo NFTs, que lhe renderão moedas se você as possuir. Um exemplo disso é a coleção CyberKongz, onde os portadores de NFTs recebem 10 BANANA diariamente. Isto torna possível a construção de renda passiva através dos NFTs. Além disso, a cessação do NFT é uma opção para ganhar dinheiro online com fichas não fungíveis.

A estaqueamento de seus NFTs é uma maneira relativamente nova de colocar seu token único para trabalhar NFT staking significa que você liga seus tokens não-fungáveis a uma plataforma ou protocolo. Em troca desta ação, você recebe recompensas de greve. Desta forma, você pode ganhar um extra enquanto permanece como proprietário do NFT.

Você pode comparar este método de estaqueamento para render a agricultura, onde as moedas criptográficas são emprestadas ou utilizadas para provedores de liquidez a fim de ganhar recompensas através de juros ou taxas de transação. Esta forma de ganhar juros é semelhante à de um banco, mas neste caso não há nenhum intermediário envolvido. A greve do NFT pertence ao mundo financeiro descentralizado, enquanto um banco é centralizado.

## 4. Investir em jogos Play-to-Earn.

Esta dica é talvez a maneira mais divertida de se preparar para melhores tempos de criptografia! Através dos jogos Play-to-Earn (P2E), você pode fornecer algum entretenimento enquanto ganha criptografia e NFTs nesse meio tempo. Desta forma, você garante imediatamente que um mercado de ursos não precisa ser entediante! O interesse em moedas criptográficas diminui durante um mercado de ursos e isso também se aplica a esses jogos. É exatamente por isso que é útil construir um portfólio de jogos durante este período.

Ao investir no jogo certo, que após uma pesquisa adequada você espera florescer durante um mercado de touros, você pode começar a jogar jogos P2E. Em sua pesquisa, inclua como a equipe se comunica, se os prazos são cumpridos, que opções o jogo tem a oferecer e em que cadeia de bloqueios o jogo é construído.

A cadeia de bloqueio pode ser importante em relação à adoção. Entretanto, há também jogos muito conhecidos que não são construídos sobre o Ethereum, por exemplo. DeFi Kingdoms é um exemplo disso, que é construído sobre a cadeia de blocos Harmony, mas é incrivelmente popular entre muitos gamers!

Os jogos P2E podem ser jogados muitas vezes de graça, mas a maneira mais lucrativa é, muitas vezes, comprar NFTs e implantá-los. Para alguns jogos isso é

obrigatório, o que é chamado de NFT-to-earn.
Independentemente de qual seja sua estratégia com
jogos criptográficos, em qualquer cadeia de bloqueios
você pode encontrar jogos interessantes. De Crabada
em Avalanche a Aavegotchi em Polígono!

**5. Dólar Custo Médio (DCA).**
Uma forma comum de investir em tecnologia de cadeia
de bloqueio é o método do custo médio do dólar
(método DCA). A Média do Custo Dólar é vista como
uma estratégia útil por muitos investidores, incluindo
muitos investidores criptográficos. Além da criptografia,
este método de investimento também é muito útil para
outros mercados, tais como os mercados de ações,
títulos e commodities.

A característica da DCA é que um investidor investirá
em um horário fixo por um determinado valor. Também
em que investimento ou mesmo em que moeda você
faz isso, você tem predeterminado. Ao fazer um plano
antes de investir, você se assegura de que suas
emoções não influenciam o investimento. Isto pode ser
muito difícil no mercado de criptografia volátil, de modo
que você pode evitar erros desnecessários através do
método DCA.

Além disso, este método de investimento é muito útil
durante um mercado de ursos. Quando seu interesse
em investir em criptográfico estiver diminuindo, você
pode ligar o investimento automático e assim continuar
a investir silenciosamente, e ficar agradavelmente

surpreso quando seu interesse também aumenta novamente durante uma corrida de touro.

## 6. Pesquisar diferentes projetos criptográficos

É frequente que um mercado de touros seja relativamente curto, em comparação com os mercados de ursos. Como os mercados de ursos são frequentemente longos, pode-se usar o tempo durante um mercado de ursos para fazer uma boa pesquisa em diferentes projetos de criptografia. Você pode usar esse tempo para pesquisar quais pérolas Crypto farão todo o caminho durante a próxima corrida de touros!

Especialmente durante este período, a pesquisa de projetos é tão importante, porque você pode realmente investir de forma barata durante este período. Por exemplo, os investidores que pesquisaram as diferentes formas de adoção de criptografia em 2018 até 2020 poderiam ter vinculado esta informação a diferentes nichos. Desde CryptoPunks, jogos play-to-earn e projetos de criptografia que competem com o Ethereum; os investidores que utilizaram bem o mercado de ursos anteriores puderam colher os benefícios nos anos seguintes.

Aqui, não apenas os projetos existentes são de interesse, mas novos projetos de criptografia também podem ser muito interessantes. No entanto, muitas vezes os planos consistem em um bom website e um white paper, a criação de projetos criptográficos é freqüentemente um investimento muito arriscado, mas alto risco também pode significar alta recompensa.

**7. Preste muita atenção ao emparelhamento do BTC.**
Quando o Bitcoin inicia uma nova corrida de touro, é importante ficar bem posicionado com os altcoins corretos. Além de fazer muita pesquisa e ter uma boa distribuição entre moedas de risco e moedas menos arriscadas, você também pode ficar de olho no par BTC de um altcoin.

Se todos os altcoins caíram no valor do dólar, mas algumas moedas caíram muito menos no valor do BTC, isto poderia potencialmente criar oportunidades. Quando o Bitcoin sobe, estas moedas também podem subir com muita força. O valor em dólar dá uma imagem distorcida nestes casos. No entanto, de longe a maioria dos investidores só olha para o valor do dólar, mas não para o emparelhamento do BTC.

Mas o que é o emparelhamento BTC? Você provavelmente já procurou no gráfico do Bitcoin, onde o Bitcoin é colocado em relação ao dólar americano ou ao euro. Neste caso, você fala do BTCUSD ou BTCEUR como um par. Ao procurar por altcoins que estão em melhor forma do que o valor do dólar sugere, no caso do Polkadot por exemplo, você procura por DOTBTC, ao invés de DOTUSD.

O mercado de ursos é o período mais enfadonho do mercado. Não há euforia, cada vez menos pessoas estão falando sobre o mercado e a sociabilidade foi substituída por lamentos e negatividade. Especialmente durante este tempo, é importante manter sua mente no assunto, porque estes são os momentos em que você pode investir favoravelmente. Entretanto, investir sempre deve ser feito com um plano e uma pesquisa adequada!

As dicas acima destinam-se a mostrar que em um mercado de ursos você pode obter lucros ou expandir seu portfólio de maneiras diferentes, para que você esteja preparado de maneira ideal quando o preço subir novamente. Você pode fazer uso de várias dicas, mas especialmente para os entusiastas de criptografia novatos, é sábio não se envolver com muitas coisas diferentes. A visão geral é importante, o que é muito difícil de encontrar no oeste selvagem da indústria da cadeia de bloqueio.

# Tabela de Conteúdos

# Seu livro GRÁTIS

Se você quiser fazer um começo lucrativo no mundo da moeda criptográfica, certifique-se de baixar nosso bônus gratuito com **12 dicas extremamente valiosas para iniciantes!**

Com este livro e estas dicas, você terá a garantia de começar bem com seus investimentos futuros!

**Cadastre-se aqui para ter acesso instantâneo e dar o pontapé inicial para o sucesso de seu criptograma:**

https://campsite.bio/stellarmoonpublishing

Nosso Curso de Negociação de

## Especialistas em Cripto

*Você está procurando uma nova maneira de investir?*

*Você está procurando ganhar algum dinheiro?*

*Interessado em investir mas não sabe por onde começar?*

**Você quer iniciar suas negociações criptográficas com o conhecimento de especialistas de renome em finanças e investimentos?**

O Curso de Negociação Especializada em criptografia é o curso mais abrangente sobre negociação e investimento com moedas criptográficas. Você aprenderá como negociar em apenas alguns minutos por dia. Nós ensinamos tudo desde análise técnica, gerenciamento de risco, e muito mais.

**Nosso objetivo é ajudá-lo a tornar-se um comerciante de sucesso para que seu futuro financeiro possa ser seguro.**

Investir nunca foi tão fácil com nosso plano passo a passo que ensina os iniciantes a negociar como um especialista - com o potencial de obter enormes lucros!

A melhor parte deste curso é ensinada por especialistas. Então, do que você está esperando? Comece hoje mesmo!

**Para mais informações, visite este link:**

https://payhip.com/b/ork8N

# Nossos livros

Confira nosso outro livro para saber mais sobre NFTs, NFT trading and selling, como obter lucro e dicas e estratégias essenciais para um início à prova de falhas no universo NFT.

Junte-se ao exclusivo Stellar Moon Publishing Circle, você terá acesso imediato a **12 Dicas de Criptografia Extremamente Valiosas**!

Além disso, você também terá acesso instantâneo à nossa lista de correio com atualizações de nossos especialistas todas as semanas!

**Inscreva-se aqui hoje:**

https://campsite.bio/stellarmoonpublishing

# Custo médio em dólar (DCA)?

Quando se comercializa criptográfico, muitas vezes é importante seguir uma estratégia. Uma estratégia assegura que você se mantenha fiel a um plano que determinou de antemão. Isto facilita lidar com situações inesperadas, emoções e flutuações de preços.

Como é que tal estratégia pode, é claro, ser decidida por todos. Há muitos comerciantes criptográficos que inventam sua própria estratégia que funciona melhor para eles. Também é possível utilizar uma estratégia que já tenha sido pensada por alguém. Uma estratégia com a qual você pode se deparar é a Média do Custo do Dólar.

Dollar Cost Averaging, abreviado como DCA, é uma estratégia de investimento que pode ser utilizada por todos os tipos de comerciantes. Esta estratégia pode tornar o investimento em criptografia e outros produtos financeiros muito mais fácil. Você pode ler abaixo o que é o Dollar Cost Averaging, como ele funciona e por quem esta estratégia pode ser melhor utilizada.

**O que é a Média do Custo do Dólar (DCA)?**
Dollar Cost Averaging é uma estratégia de investimento utilizada por um grande número de comerciantes de criptografia. A propósito, não apenas por comerciantes criptográficos. O Dollar Cost Averaging é de fato uma técnica incrivelmente antiga utilizada por todos os tipos de investidores. Você também pode usar esta tática

quando quiser investir em ações, títulos, ETFs, metais preciosos, etc.

A Média do Custo do Dólar tem tudo a ver com o investimento de uma quantia pré-determinada em um tempo fixo. Você faz isso em um produto de investimento pré-determinado. Esta forma de investimento garante que você não seja influenciado por emoções, aumentos e quedas de preços.

A idéia por trás da Média do Custo do Dólar é que o preço aumentará gradualmente ao longo de um longo período de tempo. Você compra criptográfico em momentos diferentes: em momentos em que o preço é baixo e em momentos em que o preço é alto. Ao investir em momentos diferentes, a quantidade de dinheiro que você investiu será a média de todos esses diferentes tempos de compra.

**Quando é o melhor momento para comprar?**
Dollar Cost Averaging é uma estratégia que você aplica a longo prazo (pelo menos alguns anos). Você pode decidir a freqüência com que estabelece um momento de compra. Em muitos casos, as pessoas utilizam a Média do Custo do Dólar investindo mensal ou trimestralmente.

**Escolhendo um produto com antecedência**
É importante escolher previamente um produto no qual investir, e não abandoná-lo. A idéia por trás da Média de Custo em Dólares é que você invista parte de seu

capital no mesmo produto durante um longo período de tempo, de modo que você terá pago o preço médio de compra.

## Exemplo de DCA

Tim gostaria de investir seu dinheiro em criptografia, porque ele acredita que desta forma ele pode valer mais do que se estivesse em sua conta bancária. Entretanto, ele não tem conhecimento sobre a moeda criptográfica. Portanto, ele decide investir 150 dólares em Bitcoin a cada mês. Afinal, ele pode facilmente economizar 150 dólares mesmo que o perca, e a Bitcoin é a maior e mais utilizada moeda criptográfica.

Portanto, esta moeda criptográfica parece ser a mais segura para ele.

No dia 25 do mês, seu salário é depositado na conta bancária. Ele opta, portanto, por ter 150 dólares debitados automaticamente no dia 26 do mês, de modo que ele não pode gastar o dinheiro antecipadamente. Este dinheiro é então utilizado para comprar automaticamente o Bitcoin.

Após um ano, a Tim comprou a Bitcoin 12 vezes pelos seguintes preços:

Janeiro - 30.000
Fevereiro - 28.000
Março - 21.000
Abril - 22.000

Maio - 26.000
Junho - 31.000
Julho - 39.000
Agosto - 40.000
Setembro - 38.000
Outubro - 55.000
Novembro - 61.000
Dezembro - 64.000

O preço médio pago pelo Pim é 37.916. Quando Pim decide vender suas Bitcoins após 12 meses, ele obteve um retorno médio de 68,8% sobre seu investimento, sem ter qualquer conhecimento sobre criptografia ou gastar tempo ganhando conhecimento ou conduzindo pesquisas.

**Para quem é adequado o DCA?**
Qualquer pessoa pode tirar vantagem da Média do Custo do Dólar. Há várias situações em que a Média do Custo do Dólar pode ser sábia. Considere as seguintes situações:

**Investidor novato sem conhecimento.**
As pessoas que têm pouco ou nenhum conhecimento sobre investimento, muitas vezes encontram dificuldades para determinar os momentos de compra e venda. Entretanto, elas gostariam de aproveitar o potencial de retorno. É por isso que a DCA é uma estratégia popular entre os investidores novatos.

**Investidor sem tempo.**

Se você tem o conhecimento, mas simplesmente não tem tempo para pesquisar novos ativos e os melhores momentos para comprar e vender, a DCA pode ser uma estratégia adequada para você. Você não tem que perder tempo quando usa a média do custo do dólar.

Investidor que quer se espalhar. Você pode reduzir o risco de perder dinheiro ao não colocar seu dinheiro em um só cavalo. Isto também se aplica às estratégias que você segue. Quando você usa estratégias diferentes, você reduz o risco de perder dinheiro quando uma estratégia não parece estar funcionando.

Muitas vezes vemos que investidores novatos usam DCA. Isto porque eles ainda não têm conhecimento suficiente para fazer pesquisas sobre certos ativos. Em alguns casos, eles também não têm tempo, mas ainda estão ansiosos para tirar proveito dos retornos que podem obter.

Além disso, muitos comerciantes de criptografia experientes optam por utilizar a média do custo do dólar. Isto porque a estratégia pode ser usada como uma diversificação de portfólio. Ao utilizar estratégias diferentes, você reduz o risco de perder riqueza. Caso uma estratégia não funcione, você pode sempre recorrer à outra estratégia.

**Como usar a média do custo do dólar no comércio de criptografia? Um plano passo a passo!**

Agora você sabe o que é a Média de Custo do Dólar e porque pode ser tão útil utilizá-lo. Você ainda pode ter algumas perguntas sobre esta estratégia, a próxima das quais pode ser: como você pode usar a Média do Custo do Dólar no comércio criptográfico?

Explicarei o que você precisa fazer antes de começar a comprar criptografia de acordo com a DCA, após o que lhe direi em quais plataformas você pode usar melhor a Média do Custo do Dólar.

**Preparação**

Decida com que freqüência você quer investir. A maioria das pessoas opta por fazer um investimento mensalmente. Também vemos pessoas que fazem isso trimestralmente. Certifique-se de que não vá além de um trimestre, ou a idéia por trás da divulgação será perdida.

Decida quanto dinheiro você quer investir. É claro que todos podem investir uma quantia diferente. Portanto, dê uma boa olhada em quanto dinheiro você pode investir em uma base mensal/trimestral. Tenha em mente que você pode perder o dinheiro. Portanto, não invista dinheiro que você realmente não pode perder.

Decida qual a moeda criptográfica que você quer comprar. É importante escolher uma moeda criptográfica em que você tenha confiança a longo prazo. Muitas pessoas escolhem Bitcoin (BTC) ou Ethereum (ETH) porque estas são correntes de bloqueio e moedas criptográficas estabelecidas. Com base na capitalização do mercado, estas são as duas maiores moedas criptográficas do mundo.

Determine como você vai executar o DCA. Você pode executar o DCA de duas maneiras diferentes:

- Investimento manual. Isto envolve fazer as compras manualmente.
- Investimento automático. Isto significa que uma plataforma fará automaticamente as compras para você.

## Em quais trocas/corretores criptográficos você pode executar o DCA automaticamente?

Uma série de trocas criptográficas e corretores dão a você a oportunidade de configurar compras automáticas. Você então indica com que freqüência deseja que uma determinada moeda criptográfica seja comprada automaticamente.

### Bitvavo.

Na plataforma de Bitvavo não é possível utilizar uma função DCA especial, mas é possível ter dinheiro transferido automaticamente. Você pode ler mais sobre isso aqui.

### Coinmerce.

O corretor criptográfico Coinmerce lhe oferece a possibilidade de criar ordens repetitivas.

### Binância.

Você também pode colocar um pedido repetido no Binance para aplicar o DCA. Aqui você pode ler como fazer isso.

A maior vantagem é que você não tem que gastar tempo comprando DCA você mesmo quando o faz automaticamente pela troca/corretor criptográfico que usa.

As vantagens e desvantagens do DCA
Abaixo você pode ler as importantes vantagens e desvantagens do Dollar Cost Averaging (DCA).

**Vantagens**

**Negociando sem emoções.**
Quando você sempre compra um determinado bem ao mesmo tempo, você não será influenciado pelas emoções, então você estará menos em risco.

**Fácil de usar.**
Não é difícil aplicar o DCA.
Muitas bolsas e corretores oferecem até mesmo a opção de configurá-lo, para que você não tenha que comprar um ativo manualmente.

**Não é necessário tempo ou conhecimento.**
A aplicação do DCA permite investir em criptografia, ações ou outros produtos sem ter que investir tempo na pesquisa destes ativos.

Também não é necessário ter muito conhecimento de antemão, pois com o DCA você não precisa disso.
**Aumento estável a longo prazo**.
Quando você usa DCA, há uma boa chance de que o valor de seu investimento aumente de forma constante a longo prazo.

**Desvantagens**

**Sem garantia de retornos positivos**.
Apesar de o DCA ser uma estratégia popular e de muitas pessoas indicarem que obtêm um retorno positivo como resultado, é claro que isso não é garantia de obtenção de lucro. Portanto, tenha em mente que você também pode perder dinheiro com o DCA.

**Menores lucros**.
Se você usa DCA como estratégia, você também compra um ativo em momentos em que o preço é alto.

Como resultado, a curto prazo, você terá menos lucro do que quando comprar um ativo quando o preço for o mais baixo possível.

A Média do Custo do Dólar é uma estratégia popular entre os comerciantes de crypto. Entretanto, a estratégia não está sendo utilizada pela primeira vez dentro do mercado de criptografia. A média do custo do dólar é também uma forma popular de investimento entre os comerciantes de ações, títulos e metais preciosos.

A Média do Custo do Dólar envolve investir uma quantia fixa de dinheiro em um determinado ativo em tempos pré-determinados. No caso de moeda criptográfica, isso significaria, por exemplo, que você investiria 100 euros em Bitcoin a cada 25 do mês. Desta forma, você sempre paga o preço médio e não é afetado por emoções e flutuações de preços.

O DCA pode ser usado por pessoas que não têm tempo para fazer pesquisas sobre um ativo. Mas também muitos comerciantes avançados são adeptos do Dollar Cost Averaging. Isto porque ele também serve como uma ferramenta de diversificação. Ao se espalhar por diferentes estratégias, corre-se um risco menor de perda de participação.

# Reflexividade do mercado

Reflexividade de mercado é um termo da sociologia que também é amplamente utilizado no mundo econômico. A definição está intimamente relacionada aos níveis de preços e ao sentimento de mercado. George Soros é um grande nome no campo da teoria da reflexividade, por isso cobrimos sua opinião também neste capítulo. Ao se educar em questões financeiras, você pode se beneficiar. Afinal, a análise técnica e a compreensão dos fundamentos fundamentais é a base para ser um bom negociante.

Na segunda metade do capítulo vou lhe dizer o que a reflexividade tem a ver com o mercado criptográfico, então, leia junto... Ah, sim, apenas um aviso: pense sempre cuidadosamente em seus próprios investimentos e decisões, porque eu não dou conselhos financeiros. Não siga cegamente os outros e confie em suas próprias descobertas, teorias e experiências. Além disso, não coloque dinheiro que você não pode perder, mesmo que o mercado pareça estar em tão boa forma. Neste capítulo você aprenderá porque não é prudente seguir cegamente os aumentos de preços.

**O que significa Reflexividade de Mercado?**
Reflexividade de mercado é o mesmo que reflexividade de mercado. É um termo que tem origem na sociologia, mas também é relevante no mundo econômico. No mundo financeiro, George Soros é um pregador deste termo, então vamos primeiro mergulhar em quem ele

realmente é e por que suas opiniões são importantes para o mercado financeiro. E, é claro, o mercado criptográfico em particular!

**Quem é George Soros?**

George Soros é um homem de negócios americano e filantropo conhecido. Ele foi inspirado por Karl Popper (1957), que escreveu o livro "A Pobreza do Historicismo". Com um patrimônio líquido de quase 9 bilhões de dólares, ele é muito rico, embora doe grande parte de sua riqueza a instituições de caridade. O melhor homem ficou conhecido como "o homem que quebrou o banco da Inglaterra" e ainda é conhecido como uma lenda no mundo dos investimentos. Ele também é conhecido por seu livro "A Alquimia das Finanças", que ele escreveu em 1987, mas que foi reeditado há alguns anos.

Em 16 de setembro de 1992, ele, sozinho, destruiu o Banco da Inglaterra. A essência da história é que ele se aproveitou do Sistema Monetário Europeu enquanto realizava um ataque especulativo. Na época, houve uma desvalorização na economia (desvalorização intencional de uma moeda contra outra). Soros pensou que um grande ataque especulativo forçaria o país a deixar o sistema e desvalorizar a moeda.

**George Soros vs. Reflexividade de Mercado**

Mas o que George tem a ver com a Reflexividade do Mercado? As teorias econômicas, segundo Soros, são invalidadas pela reflexividade. Ele acredita que enquanto os preços de mercado devem lutar pelo equilíbrio, a reflexividade assegura que isso não aconteça, ou:

 Em situações que têm participantes pensantes, a visão que os participantes têm do mundo é sempre parcial e distorcida... Essas visões distorcidas podem influenciar a situação com a qual se relacionam porque visões falsas levam a ações inadequadas. ...É geralmente reconhecido que a complexidade do mundo em que vivemos excede nossa capacidade de compreendê-la. Confrontados com uma realidade de extrema complexidade, somos obrigados a recorrer a vários métodos de simplificação.

Portanto, basicamente, o que se trata é que o que é nossa realidade individual não corresponde em nada ao que é a realidade real. Todos nós temos nossa própria visão única do mundo e por causa disso nunca vemos 100% da situação real objetiva. Isto também significa, portanto, que os investidores agem com base em suas próprias percepções, influenciando, assim, a realidade. Esta realidade inclui a direção do mercado. Através da percepção dos investidores, eles próprios também são influenciados. Peculiar não é isso?

De acordo com Soros, estas ações e reações nos colocam em um circuito de feedback, que desconecta os preços de mercado e os eventos da realidade.

**Mergulho profundo na reflexividade**

Portanto, como descrito acima, a teoria da reflexividade é sobre o fato de que os investidores tomam suas decisões não com base na realidade, mas em sua percepção da realidade. Assim, eles enquadram sua realidade, tomam uma decisão e executam ações. A partir destas ações fluem percepções, que têm um impacto sobre a realidade. Como resultado, os preços no mercado mudam, o que, por sua vez, muda a realidade aos olhos dos investidores.

De acordo com George Soros, este processo é auto-reforçador e é a causa do desequilíbrio de preços no mercado. De acordo com o investidor, a situação econômica atual é um exemplo de teoria: o aumento dos preços das casas leva a um aumento do número de hipotecas, o que, por sua vez, leva a um aumento dos preços. Como resultado, formamos maciçamente uma bolha após a outra até que ela desmorona. Você pode adivinhar o resultado: uma crise financeira, como a Grande Recessão entre 2007 e 2009.

Embora a suposição padrão seja um equilíbrio econômico combinado com uma expectativa racional, Soros contradiz isto. Um preço de equilíbrio, de acordo com a maioria dos modelos econômicos, se dá através da oferta e da demanda. De acordo com o economista médio, quando se espera racionalmente que a demanda caia, o preço diminui. Por outro lado, o preço sobe quando a demanda aumenta ou quando há escassez.

George Soros não concorda plenamente com isto, acreditando que a reflexividade perturba este equilíbrio. O desenvolvimento dos preços nunca fica parado, e se continuarmos a tomar decisões baseadas no que consideramos ser nossa realidade, então se cria uma lacuna cada vez maior entre a realidade e o nível dos preços de mercado. O ciclo de feedback mencionado anteriormente causa uma discrepância entre os preços e as expectativas. Quando algo muda na economia, um ajuste positivo ocorre através do ciclo de feedback. Um loop de feedback negativo manteria o mercado em equilíbrio, mas a reação normal não ocorre. Como resultado, o equilíbrio econômico desaparece até que os participantes do mercado acordem e vejam que a realidade se desconectou dos preços de mercado. A tendência então se inverte temporariamente, mas George Soros não considera isto como um loop de feedback negativo.

## Reflexividade no mercado criptográfico

OK, agora estabelecemos uma base bastante ampla do conceito, mas o que isso tem a ver com o cenário criptográfico? A criptografia ainda é jovem, portanto ainda há flutuações violentas no mercado: a chamada volatilidade. Além disso, como entusiastas da criptografia, sofremos constantemente de FOMO e sempre descobrimos uma nova jóia em algum lugar, estou certo?

É frequentemente retratado nas notícias como se todo o mercado de criptografia dependesse dos desenvolvimentos em torno da Bitcoin (BTC), mas se você tem um pouco de conhecimento, você sabe que isso é pura ignorância. Conforme o mercado amadurece, a abordagem vai crescendo junto com essa maturidade. Como o mercado é tão jovem, ele está sujeito a flutuações bastante rápidas. As flutuações são causadas por eventos no mercado, que fazem com que a criptografia reaja negativa ou positivamente.

## Desenvolvimentos em torno de Bitcoin

O fato de o Bitcoin (BTC) ser considerado uma revolução financeira tem um grande impacto em sua reflexividade. Expressões como "A Bitcoin é instável e nunca será um meio de pagamento sério" também afetam o mercado. De fato, ambas não são questões factuais, mas eventos sentimentais. De fato, estas declarações têm um grande impacto sobre a ação do preço em torno da moeda. Somos maciçamente a favor do Bitcoin porque a moeda está dando um salto e está nas notícias positivamente? Então a popularidade aumenta e o preço também. Se o preço cai, como na época em que foi escrito (maio de 2022), então muitas pessoas vendem e ela vai embora pelo proverbial tostão.

O desenvolvimento do preço da bitcoin é relevante para todo o mercado de criptografia, já que é um ativo influente. Naturalmente, isto se deve principalmente ao fato de que o mercado é jovem e muitas pessoas quase não sabem nada sobre o mercado e suas possibilidades. Ao fazer isso, os altcoins frequentemente seguem o preço da Bitcoin, tornando-a basicamente uma profecia auto-cumprida. Por exemplo, muitas pessoas também previram que o preço da Bitcoin subiria para 200.000 dólares até o final de 2021, o que, como sabemos, não aconteceu. Pior ainda, mergulhamos um pouco.

**Bitcoin & o circuito de feedback**
A julgar pelas mudanças de preços nos últimos anos, você pode ver muito bem como a Reflexividade de Mercado funciona na prática. Em 2020 e 2021, houve um mercado incrivelmente touro, o que significa que o preço estava subindo e acima do normal. As coisas estavam indo incrivelmente bem no mercado de criptografia até que Elon Musk anunciou que a Bitcoin não era mais aceita como meio de pagamento na Tesla. Além disso, a mineração não era mais permitida na China, o que mudou o sentimento no mercado.

Os preços caíram e as tensões prevaleceram no mercado criptográfico. O pânico fez com que muitas pessoas colocassem suas moedas à venda. Isto levou a um pânico ainda maior no ano passado, fazendo-nos afundar a um mínimo histórico. Atualmente, o Bitcoin (BTC) caiu para 27k, deixando muitos investidores esperando por outro aumento de preços e alguma perspectiva no mercado. Portanto, um mercado reflexivo é inconstante e excitante, o que tem conseqüências de longo alcance para os consumidores.

A propósito, outra coisa que está afetando o preço da Bitcoin é seu valor fortemente inflado e o fato de as pessoas terem vindo a ver a Bitcoin como uma Loja de Valor (SoV). Também é chamado de "o ouro digital" por causa do valor que os proprietários detêm. A relação entre as duas percepções faz com que o preço seja empurrado para cima, causando reflexividade.

Apesar do fato de que reflexividade é fundamentalmente um termo sociológico, neste capítulo, o termo é contra o mercado econômico. O que a relação entre causa e efeito tem a ver com o mercado financeiro e como o preço se ajusta a estas flutuações?

Em resumo, a reflexividade é o efeito auto-reforçador do sentimento do mercado, fazendo com que os preços se tornem mais rígidos devido à percepção do investidor, até que o processo se torne insustentável. George Soros é um grande nome que está amplamente associado a esta definição. Ele dá um bom exemplo com base no mercado imobiliário atual. Os preços das casas sobem > mais casas são vendidas e empréstimos hipotecários são feitos > os preços sobem ainda mais > ele fica fora de controle e se torna insustentável. O preço de mercado não é mais proporcional ao valor intrínseco, portanto, o mercado entra em colapso.

# Volatilidade da moeda criptográfica

Crypto e forex, são dois mercados populares nos quais se pode negociar. Um negocia moedas digitais, enquanto o outro negocia moedas da vida real como o euro ou o iene.

Ambos os mercados têm suas vantagens e suas desvantagens. Em geral, por exemplo, o mercado criptográfico é claramente mais volátil do que o mercado forex. Volatilidade significa por quanto o mercado se move para cima e para cima dentro de um determinado tempo. Isto é uma vantagem ou uma desvantagem? Você só pode determinar isso por si mesmo.

Para alguns, pode ser uma vantagem, pois mais volatilidade potencialmente oferece maiores retornos. Por outro lado, a alta volatilidade também traz mais riscos.

Como exatamente essa volatilidade é maior e o que você deve levar em conta? Você pode ler tudo isso e muito mais neste capítulo.

**O que é o mercado criptográfico?**
Uma moeda criptográfica é uma unidade digital que representa um certo valor. É uma moeda digital usada como uma alternativa ao dinheiro a que estamos acostumados.

Crypto foi criada uma vez depois que a Satoshi Nakamoto tentou desenvolver um sistema de caixa eletrônico peer-to-peer. Isto tornaria impossível o duplo gasto do mesmo dinheiro. Originalmente, não era sua intenção que uma moeda criptográfica surgisse a partir disso.

Um requisito importante para as moedas criptográficas é que elas não requerem um servidor ou uma autoridade central e, portanto, são descentralizadas.

Muitas dessas redes descentralizadas de criptografia de moedas são baseadas na tecnologia de cadeia de bloqueio. Este é um tipo de livro razão que é mantido por uma rede independente de computadores. Isto torna impossível, por exemplo, que o dinheiro seja emitido duas vezes ou que outras formas de fraude ocorram.

O mercado criptográfico é, naturalmente, o lugar onde as moedas criptográficas podem ser compradas e vendidas. É o lugar onde a demanda por moedas criptográficas e a oferta de moedas criptográficas se encontram.

### O que é o mercado forex?
O mercado forex é onde as moedas são negociadas. Estas são moedas como o euro, o dólar ou o iene. Estas moedas ainda são muito importantes hoje, porque são as que são geralmente usadas para pagar em todo o mundo.

41

O "preço" dessas moedas é determinado por uma série de fatores. Simplificando, é claro, como qualquer outra coisa, elas são influenciadas pela oferta e demanda. Mas como exatamente esta forma de oferta e demanda funciona?

Por exemplo, a demanda por uma moeda aumenta quando os produtores no país da moeda se tornam mais baratos. Suponha que os preços na Europa caiam. As empresas americanas podem então comprar produtos mais baratos na Europa do que na América. No entanto, elas têm que fazer isso em euros. Como resultado, elas exigem euros e o "preço", ou taxa de câmbio, do euro sobe.

Assim, no exemplo mencionado anteriormente, o fornecimento de dólares aumenta, porque os Estados Unidos oferecem esses dólares em troca de euros. O preço do dólar, portanto, cairá.

As flutuações que assim ocorrem nestes preços, ou taxas, são muito atraentes para os especuladores de moedas. Os especuladores de moedas são pessoas que especulam sobre o preço da moeda. Isto significa que é provável que eles comprem quando esperam um aumento de preço e que vendam quando esperam uma diminuição de preço.

Também em forex, assim como em crypto ou em ações, há muito dinheiro a ser feito. No entanto, as coisas também podem dar muito errado. Leve isto em conta antes de começar e tenha sempre em mente: primeiro aprenda e só depois invista!

## Quais são as diferenças entre o mercado criptográfico e o mercado forex?

Agora que discutimos os dois mercados, você já deve ter uma imagem um pouco das diferenças entre o mercado de criptografia e o mercado forex. No entanto, eles se parecem um com o outro, afinal, em ambos os mercados você compra e vende moedas. No um você compra moedas digitais e no outro moedas não digitais. Mas quais são exatamente as grandes diferenças entre os dois?

## Características do mercado

Uma das diferenças entre o mercado criptográfico e o mercado forex é que os mercados nem sempre estão abertos ao mesmo tempo.

Na verdade, o mercado forex opera nos fins de semana. É de fato e combinação entre o mercado de criptografia e o mercado de ações. O mercado de ações está de fato aberto 5 dias da semana, nestes dias abertos o mercado está aberto por horas limitadas. O mercado criptográfico está aberto 24 horas por dia, 7 dias por semana. Portanto, o mercado de câmbio é uma intervenção disto. Ele está aberto 5 dias por semana, mas 24 horas.

## Volatilidade

Em geral, o mercado criptográfico é muitas vezes mais volátil do que o mercado forex. Isto significa que há muito mais flutuações de preços no mercado criptográfico do que no mercado de câmbio.

Isto se deve a vários motivos. Por exemplo, porque o mercado criptográfico é mais novo do que o mercado forex. Mais tarde entraremos em detalhes sobre como isto funciona exatamente e quais são as outras razões.

**Risco**

Naturalmente, nunca se pode dizer qual é o mercado mais arriscado. Acontece que isto depende de tantos fatores diferentes e, além disso, o risco também depende em grande parte de suas ações.

Em geral, o risco no mercado forex é um pouco menor do que o risco no mercado criptográfico. A principal razão para isto é simplesmente que o mercado de câmbio é menos volátil. Conseqüentemente, ocorrem menos flutuações enormes nos preços, em conseqüência das quais você correrá um pouco menos de risco de perder de repente muito dinheiro. Naturalmente, a chance de ganhar muito dinheiro de repente também é um pouco menor.

Naturalmente, você também pode reduzir ou aumentar o risco como conseqüência de suas escolhas. Preste sempre atenção e faça sempre sua pesquisa primeiro. Lembre-se sempre da conhecida regra: aprenda primeiro e invista depois!

## Centralização

Outra grande diferença entre os dois mercados é que
um é centralizado e o outro descentralizado.

O Forex, na verdade, é centralizado. Isto significa que as
moedas são controladas e dominadas por governos
centrais ou bancos. Eles decidem o que acontece com a
moeda e podem, portanto, influenciar seu preço.

A criptografia é descentralizada. Isto significa que na
verdade ocorre exatamente o contrário do que
acontece com o forex. De fato, a criptografia não é
dominada ou controlada por ninguém. De acordo com
muitos, esta é uma grande vantagem.

## Termo

O comércio de divisas é principalmente a curto prazo.
Isto porque se você como especulador holandês, por
exemplo, comprar o rand (moeda da África do Sul), você
não terá mais nenhum uso para ele. Seu único objetivo
como especulador ao comprar esta moeda é ter lucro.

Com a criptografia, este não tem que ser o caso em
todos os casos. Algumas moedas criptográficas têm um
projeto real por trás delas, com uma tecnologia especial
avançada que poderia realmente mudar o mundo. Com
o cripto, portanto, há uma boa chance de que você
esteja comprando o cripto para o bem do projeto e sua
função, além do objetivo de apenas ter lucro.

Esta é uma grande diferença, cujo impacto pode ser visto claramente em ambos os mercados.

## Localização

Ambos os investimentos dependem, em certa medida, da localização.

Para forex, isto é muito fácil de explicar. Isto porque a moeda que você compra ou vende pertence a um local ou a múltiplos locais. Por exemplo, o dólar pertence aos Estados Unidos e o euro pertence a toda a Europa.

Nos primeiros tempos da criptografia, não se podia realmente dizer que a criptografia estava ligada à localização e talvez ainda não esteja. No entanto, há algumas advertências a respeito. A criptografia, ou certos projetos de criptografia especificamente, são agora proibidos em alguns lugares do mundo. Você também tem técnicas que só funcionam ou estão ativas em certos países. Assim, também a criptografia é, em certa medida, um local vinculado. No futuro, este poderá se tornar mais ou menos o caso.

## Limite de mercado

Há também diferenças no limite total do mercado dos dois mercados. Isto significa quão grande é o mercado total em sua totalidade.

A capitalização do mercado de divisas é a maior de todos os mercados. O mercado forex é, portanto, o maior mercado que existe no mundo inteiro. O limite total do mercado de câmbio é de US$ 5.000.000.000.000.000. O USD (Dólar dos Estados Unidos) é o maior operador neste mercado. Esta moeda é responsável por 90% do mercado total.

O limite total do mercado de criptogramas é consideravelmente menor. É de aproximadamente 300.000.000.000 de dólares. Bitcoin (BTC) é o maior jogador e responde por aproximadamente metade deste limite de mercado. Em segundo lugar está o Ethereum (ETH), que representa cerca de 8% de todo o limite de mercado do criptograma. Estes números se aplicam no ano de 2021.

Por que o mercado criptográfico é mais volátil do que o mercado forex?
Quando você faz uma escolha sobre qual mercado você quer começar a negociar, é importante que você leve em conta todos os aspectos de ambos os mercados, incluindo a volatilidade. A volatilidade implica o tamanho das flutuações nos preços. Em outras palavras, quanto esses preços se movem para cima e para baixo.

É importante saber isto sobre o mercado no qual você vai negociar, porque desta forma você será capaz de determinar bem como você vai negociar. O risco que você vai correr, depende da volatilidade.

Quanto maior a volatilidade, maior é o risco em geral. Isto porque quando a volatilidade é maior, em princípio a chance é maior de que o mercado caia repentinamente e o seu investimento também. Se você quiser assumir este risco, é claro que pode, mas é importante que você faça uma boa consideração a este respeito.

Em geral, o mercado criptográfico é mais volátil do que o mercado forex. Isto tem várias causas.

Uma delas é o tamanho do mercado. Como já discutido anteriormente neste capítulo, o mercado criptográfico é muitas vezes menor do que o mercado forex. Um raciocínio simples para isto é que o mercado criptográfico é relativamente novo e também ainda não "aceito" por todos. Por outro lado, o mercado de câmbio é usado por todos, quer queiram ou não. Afinal de contas, todos têm que usar moedas negociadas no mercado forex de alguma forma.

A conseqüência desta diferença de tamanho é que uma transação de certa quantia tem mais influência sobre o mercado de criptografia do que sobre o mercado forex. Quando, por exemplo, de repente, um valor de US$ 3 milhões de crypto é vendido, isto é 1% do mercado total e, conseqüentemente, a oferta aumentará com uma parte muito maior do que na mesma transação no mercado forex. Isto também fará com que o preço caia muito mais.

Isto também significa, por exemplo, que os grandes jogadores podem exercer muito mais influência no mercado. Por exemplo, um tweet do Elon Musk teria muito, muito mais influência no mercado criptográfico do que no mercado forex.

Em particular, as diferenças de tamanho e idade do mercado garantem que a volatilidade no mercado de criptografia seja muito maior do que no mercado forex.

Então por que o mercado criptográfico é mais volátil do que o mercado forex? As principais razões para isto são que o mercado criptográfico é muitas vezes menor que o mercado forex e que o mercado criptográfico é muito mais jovem que o mercado forex. Isto, juntos, garante que o mercado criptográfico seja, portanto, mais influenciado por transações menores e, por exemplo, mais facilmente influenciado por grandes operadores.

Então, por que isso é importante? É muito importante ter em mente a volatilidade de um mercado antes de começar a negociar nele. Em geral, quando a volatilidade é maior, o risco também é maior.

Isto porque, nesse caso, o risco é maior, pois o mercado, em princípio, vai e vem com mais freqüência e, conseqüentemente, também desce com mais freqüência. A chance de se perder dinheiro é, portanto, maior.

# Crimes deFi

medida que mais e mais pessoas se interessam pelo mundo criptográfico e mais e mais fichas criptográficas são comercializadas, o crime criptográfico também está em ascensão. Atualmente, os criminosos estão em toda parte no mundo criptográfico, procurando novas oportunidades para tirar os bens das pessoas.

O mundo criptográfico está mudando rapidamente, assim como o crime criptográfico. Novas tendências são visíveis a cada ano. Estas podem ser formas completamente novas de crime, mas também formas antigas com um novo disfarce. Neste blog você vai ler tudo sobre as últimas tendências do crime criptográfico, para que você possa estar mais alerta e evitar tornar-se uma vítima.

**Números de crimes criptográficos**
O Crypto oferece uma alternativa ao setor financeiro tradicional através de um sistema descentralizado, que é independente dos bancos e do governo. As transações podem ser realizadas rapidamente em uma única rede e são difíceis de serem rastreadas até os indivíduos. Além de suas muitas vantagens, este método de negociação também envolve riscos. Várias partes estão alertando contra os perigos do mercado criptográfico e estão pedindo mais supervisão. As moedas criptográficas são vulneráveis a várias formas de crime, porque os criminosos também encontraram o mercado criptográfico. Especialmente a crescente popularidade

em conexão com a natureza anônima e transfronteiriça do cripto, oferece oportunidades para os criminosos.

Em 2021, o crime relacionado à criptografia atingiu um novo recorde, segundo pesquisa da empresa de criptanálise Chainalysis. Um total de US$ 14 bilhões em transações ilegais foi recebido, comparado a US$ 7,8 bilhões em 2020, US$ 11,7 bilhões em 2019, e US$ 4,4 e US$ 4,6 bilhões em 2018 e 2017, respectivamente. Estes foram diferentes tipos de transações ilegais.

Entretanto, estes números não contam a história toda. O uso de cripto está crescendo mais rápido do que nunca, portanto, cada vez mais pessoas estão comprando e vendendo criptogramas. Pesquisas mostram que o volume total de comércio de criptográfico terá crescido para 15,8 trilhões de dólares até 2021. Isto representa um aumento de cerca de 567% em relação ao volume total de comércio em 2020. Dado este crescimento, não é surpresa que cada vez mais criminosos também estão usando criptográficos para cometer crimes.

No entanto, proporcionalmente, a porcentagem de transações criptográficas ilegais diminuiu quando olhamos para os anos anteriores. Em 2021, a porcentagem de transações criptográficas ilegais era de 'apenas' 0,15% de todo o volume comercializado. Em 2020 foi de 0,62%, em 2019 chegou a 3,37%, e em 2018 e 2017 o percentual foi de 0,76% e 1,42%. A participação de transações ilegais no volume total de comércio de criptografia nunca foi tão baixa quanto agora. Portanto, a conclusão é que o uso legal do cripto aumentou de fato.

O crime parece assim ocupar um lugar cada vez menor dentro do cripto-ecossistema. Por um lado, isto pode ser explicado pelo fato de que o criptograma é levado mais a sério por um público crescente como uma ferramenta de pagamento ou investimento digital. Pesquisas da Ipsos, por exemplo, mostram que cerca de 1,2 milhões de holandeses possuíam criptográficos em 2021. Por outro lado, o cripto também recebeu agora mais atenção dos governos, reguladores e aplicadores. Assim, a capacidade das agências de aplicação da lei para combater o crime criptográfico também está evoluindo.

Naturalmente, apesar da porcentagem de transações ilegais ter diminuído, 14 bilhões de dólares em atividade ilegal ainda é muito dinheiro e, portanto, é problemático. O abuso criminoso do criptograma cria enormes barreiras para novos desenvolvimentos e integrações, aumenta a probabilidade de restrições severas por parte do governo e, pior de tudo, pessoas inocentes são vítimas disso e perdem muito dinheiro.

É, portanto, bom refletir sobre as tendências do crime criptográfico, para que você possa ao menos estar atento a elas.

**Tendências do crime criptográfico**

Que tendências são visíveis no crime criptográfico? A tabela abaixo apresenta as porcentagens de diferentes tipos de crime nos últimos anos. Observando estas porcentagens, duas categorias aumentaram muito em termos percentuais em 2021: roubo de criptografia e, em menor grau, golpes.

## DeFi

Tanto no roubo de criptografia quanto em esquemas, a DeFi desempenha um grande papel. O que é DeFi? Finanças descentralizadas, abreviado como DeFi, significa literalmente finanças descentralizadas. DeFi é um desenvolvimento que torna possível fornecer instrumentos e serviços financeiros sem depender de um intermediário, como um banco. Isto é feito através de contratos inteligentes na cadeia de bloqueios, que processam transações financeiras sem intermediários.

## Golpes

A receita dos golpes aumentou 82% para US$ 7,8 bilhões em criptográficos roubados das vítimas em 2021. Mais de 2,8 bilhões deste montante foram obtidos através de puxadas de costas. As trapaças representam um tipo de golpe bastante novo, onde os golpistas fingem ser confiáveis e depois retiram todo o dinheiro do projeto. Isto vai além do simples roubo de criptografia, realmente tem que haver engano e ganhar a confiança dos investidores. Em muitos casos, estes eram projetos DeFi, onde os golpistas enganavam os investidores na compra de fichas pertencentes a um determinado projeto e depois ganhavam com o dinheiro dos investidores. Os tokens então não valem nada.

Um exemplo bem conhecido de um puxão para trás é o jogo de puxão para trás Squid, que ocorreu em novembro de 2021. O Squid Game (SQUID) foi um projeto baseado na popular série Netflix e era suposto ser um jogo de "play-to-earn" no Binance Smart Chain, de acordo com o white paper, mas o jogo nunca chegou a ser realizado no final. Depois que a ficha atingiu o valor de $2,86 após um rápido aumento de 7400%, os criadores puxaram o dinheiro para fora e a ficha caiu para tão bom quanto $0. Os investidores foram deixados de mãos vazias. Estima-se que os golpistas fizeram entre $3 milhões e $12 milhões de dólares.

Os puxos de volta são comuns dentro da DeFi por várias razões. Primeiro, é por causa da propaganda ao redor da DeFi. De fato, o volume comercial dos projetos DeFi aumentou em 912% em 2021. O alto retorno sobre as fichas descentralizadas fez com que muitos se entusiasmassem em investir nas fichas DeFi. Ao mesmo tempo, não é muito complicado criar novos tokens DeFi e colocá-los em trocas, mesmo sem uma auditoria de código. Uma auditoria de código é um processo pelo qual uma empresa ou troca externa analisa o código de contrato inteligente por trás de um novo token ou outro projeto DeFi. A empresa externa então confirma publicamente que as regras do contrato são confiáveis e, portanto, não contêm um mecanismo para os desenvolvedores escaparem com o criptograma dos investidores. Portanto, é possível evitar ser vítima de um back pull, investindo apenas em projetos que tenham sido submetidos a uma auditoria de código.

**Roubo de criptográficos**

O roubo de cripto cresceu ainda mais do que fraudes. Cerca de 3,2 bilhões de dólares de criptografia foram roubados em 2021; isto representa um aumento de cerca de 516% em relação a 2020. Cerca de 2,2 bilhões desse valor, 72% do total de 2021, foram roubados dos protocolos DeFi. O roubo de DeFi pode ser rastreado a erros nos contratos inteligentes, tornando possível aos hackers roubarem criptografia. Este aumento no roubo relacionado à DeFi está em linha com a tendência que é visível de que a DeFi se tornou um fator importante no crime de criptografia.

Em 2020, pouco menos de 162 milhões de dólares de criptográficos foram roubados das plataformas DeFi. Isso representou 31% do total de criptográficos roubados durante o ano. Só isso, então, representou um aumento de 335% em relação a 2019. Em 2021, esse percentual aumentou em mais 1330%. Em outras palavras, como a DeFi tem continuado a crescer, também cresceu o problema do roubo de criptografia dentro da Defi.

**Lavagem de dinheiro**

Também tem havido um crescimento no uso da DeFi para lavagem de dinheiro. Em 2021, um aumento de cerca de 1964% foi visível nisto. Isto também não é muito surpreendente. Afinal, os criminosos que enganam as pessoas e roubam criptográficos acabam tendo um objetivo: manter este cripto roubado escondido das autoridades e convertê-lo em dinheiro legal para que possa ser gasto sem provar sua origem ilegal. A lavagem de dinheiro, portanto, está subjacente a todas as formas de crime com criptografia, mas como a popularidade da DeFi disparou e oferece muitas oportunidades, os criminosos vêem muitas oportunidades lá também.

**NFTs**

As NFTs foram uma das maiores hipes em 2021. Como acontece com qualquer nova forma de tecnologia, as NFTs oferecem muitas oportunidades de abuso. Por um lado, as NFTs são usadas como uma ferramenta para roubo de criptografia ou golpes. Os esquemas NFT comuns incluem projetos NFT falsos, NFTs imitadores ou hacks NFT.

Por outro lado, as NFTs também são compradas com criptografia obtida de forma ilegal. Como na arte física, as NFTs podem ser facilmente utilizadas para lavagem de dinheiro. Como mostrado no gráfico abaixo, o valor do criptográfico obtido ilegalmente enviado aos mercados de NFTs aumentou significativamente em 2021.

O uso de criptografia está crescendo mais rápido do que nunca e, portanto, cada vez mais pessoas estão negociando com criptografia. Devido a este crescimento, o crime criptográfico também está aumentando. Podemos ver claramente que a DeFi desempenha um papel importante nisto. A DeFi oferece enormes oportunidades para empresas e investidores, mas também oferece oportunidades para criminosos e novas formas de crime. Portanto, fique atento e não invista em projetos sem antes fazer uma pesquisa adequada sobre a confiabilidade e as intenções por trás do projeto!

# Seguros de Defi

Provavelmente não preciso lhe dizer que o criptograma comercial é arriscado. Quando você compra criptográfico, o valor pode subir, mas também pode descer com a mesma facilidade. Portanto, você está sempre correndo o risco de perder as apostas. Isso é apenas parte da negociação de criptogramas.

No entanto, você também pode perder dinheiro de formas muito diferentes dentro do mundo criptográfico. Pense não apenas em golpes e moedas fraudulentas, mas também em erros técnicos. Esses tipos de erros são bastante comuns dentro da DeFi.

Felizmente, cada vez mais empresas estão procurando soluções para este tipo de erros. Por exemplo, considere os seguros especiais da DeFi. Estes tipos de seguros de DeFi estão se tornando cada vez mais populares. Nexus Mutual, NSure Network e Ease são alguns desses tipos de seguros.

**Os riscos da DeFi**
Quando você usa DeFi, há uma série de riscos ao virar da esquina. Isto porque a DeFi confia em contratos inteligentes. Estes são scripts automatizados que rodam na cadeia de bloqueio. Tais contratos inteligentes processam grandes quantidades de moedas criptográficas ou, em alguns casos, as mantêm.

No momento em que algo dá errado dentro de um contrato inteligente, ninguém pode consertar o problema. Isto porque tudo acontece completamente automaticamente e é registrado diretamente na cadeia de bloqueio. As transações são irreversíveis, portanto, um erro não pode ser revertido.

Quando você usa um protocolo DeFi, você sempre tem que levar em conta a perda de dinheiro devido a erros em um contrato inteligente. E se você perder dinheiro, é claro que isso é muito decepcionante. Não há nada que você possa fazer a respeito, exceto não usar a plataforma.

Felizmente, existem soluções para este tipo de risco. Várias empresas criaram um seguro especial que pode cobri-lo contra este tipo de perdas.

**O que é um seguro DeFi?**
O seguro DeFi, ou seguro DeFi, é um seguro que o cobre contra os riscos da DeFi. Como você acabou de ler, o uso de um protocolo DeFi não é totalmente sem risco ou perigo. Há sempre uma chance de que algo possa dar errado, fazendo com que você perca sua aposta.

Os próprios seguros DeFi funcionam como dApp na cadeia de bloqueio. Desta forma, é possível rastrear os hacks ou erros na cadeia de bloqueios. Alguns protocolos têm uma ferramenta integrada que pode monitorar os hacks e erros. Desta forma, é possível determinar exatamente quanto dinheiro criptográfico você perdeu.

Como tais apólices de seguro funcionam na cadeia de bloqueio, não há uma parte central que possa fornecer o pagamento de sinistros. Ao invés disso, são outras pessoas que se encarregam disso. É claro, como isso é feito e funciona exatamente, varia do seguro DeFi.

**Nexus Mutual (NXM)**
Nexus Mutual é uma aplicação que funciona na cadeia de bloqueio Ethereum (ETH). Você poderia pensar nele como uma companhia de seguros descentralizada. No entanto, ao contrário das seguradoras centrais, o Nexus Mutual não é para fins lucrativos. É uma mútua, o que significa que a empresa é de propriedade dos segurados. Todos os lucros serão distribuídos entre eles.

Ao adquirir um seguro da Nexus Mutual, você pode se proteger de erros de código nas aplicações DeFi. Se você perder dinheiro durante uma troca de fichas devido a um erro de UniSwap, o Nexus Mutual o compensará pela perda.

**Como funciona o Nexus Mutual?**
Primeiro, você especifica no site da Nexus Mutual qual protocolo você quer seguro. Você pode escolher entre muitas aplicações DeFi, tais como Aave, Balancer ou UniSwap. Em seguida, você terá que pagar pelo seguro,

e depositará garantias. Todos os pagamentos dos segurados são mantidos em um pool.

No momento em que você tiver sofrido uma perda, você pode fazer uma reclamação. A rede votará então sobre a validade da reivindicação. Os usuários que tentam defraudar são punidos severamente: a garantia será retirada. Portanto, não compensa tentar trapacear.

No processo, a trapaça é impossível. Todos os eventos são armazenados na cadeia de bloqueio, para que se possa sempre ver o que aconteceu no passado. Não se pode, como solitário, modificar a história da cadeia de bloqueio. Você teria que possuir mais de 51% da rede para fazê-lo, o que é tecnicamente impossível em muitos casos.

No momento em que você tiver adquirido um seguro e feito uma reclamação válida, o protocolo cobrirá os danos. Os danos são cobertos pela piscina. Você receberá a quantia na forma de fichas NXM no endereço de sua carteira. Você poderá então converter os tokens para outras moedas criptográficas ou para moeda fiat.

Você pode cancelar o seguro a qualquer momento. Nesse caso, você será reembolsado da garantia que colocou no endereço de sua carteira.

**Cobertura de Custódia de Câmbio Mútuo Nexus**

Você também pode obter seguro da Nexus Mutual contra perda de criptografia quando uma carteira ou troca é invadida. É possível fazer uma reclamação uma vez que você tenha perdido mais de 10% de suas participações ou não possa fazer uma transação na plataforma por mais de 90 dias.

É possível contratar o seguro Custody Cover para Celsius, BlockFi, Nexo, inLock, Ledn, Hodlnaut, Coinbase, Kraken e Gemini.

**Ficha NXM**
O Nexus Mutual tem seu próprio token NXM. Você pode usar o token para greve para cobrir contratos inteligentes. O NXM tem características de governança e, como proprietário do token NXM, você também pode rever as reivindicações de validade.

Como você pode usar o Nexus Mutual?
Você pode usar o Nexus Mutual navegando pela primeira vez até a plataforma. Para fazer isso, clique aqui. A seguir, você precisará conectar sua carteira criptográfica externa, e então poderá selecionar um protocolo e um pacote de seguro. A seguir, passe pelas etapas para adquirir o seguro.

**Rede NSure**
NSure Network é uma plataforma de seguros aberta para Open Finance. As chances são de que isso não signifique muito para você. Você já deve ter ouvido falar

do Lloyd's London. Este é um mercado onde os riscos de seguro podem ser revendidos.

Em tal mercado, os emissores de seguros podem revender apólices. Se você acha que o risco de uma reclamação é baixo, você poderia comprar uma apólice de seguro desse tipo. Você receberá então o prêmio pago pelo segurado, mas também terá que arcar com os possíveis custos.

O seguro comercial pode ser lucrativo, mas também é muito arriscado. Isto porque pode lhe custar muito dinheiro se alguém fizer uma reclamação por seu seguro. Você é legalmente obrigado a cobrir o valor reclamado se você for o comprador da apólice.

**Como funciona a Rede NSure?**
O protocolo descentralizado da NSure permite a qualquer pessoa adquirir seguros ou cobrir riscos para os segurados. Como fornecedor de capital, você pode ver na plataforma que tipo de seguro as pessoas gostariam de ter. Então você pode decidir apostar as fichas NSURE em uma solicitação de seguro que pareça atraente. Tal pedido pode ser atraente se você esperar que o risco seja pequeno. Você receberá recompensas diárias na forma de fichas NSURE quando você cobrir o risco de alguém.

Antes de poder fazer isso, porém, você precisará obter garantias. Assim, o protocolo sabe com certeza que você será capaz de cobrir uma possível perda. Porque se algo der errado, você, como credor, terá que pagar pelos custos. Portanto, com efeito, o risco é transferido do usuário para o credor. O credor, entretanto, pode ganhar um bom retorno sobre o risco que é coberto.

O custo que você tem que pagar como segurado é determinado pela oferta e demanda. Quando um grande número de pessoas quer cobrir o risco dos segurados, os segurados pagam um preço mais baixo. Isto também significa que os financiadores receberão uma remuneração mais baixa.

**NSURE-token**
A Rede NSure tem uma ficha NSURE. Este token desempenha um papel importante dentro do protocolo, como você acabou de ler. Além disso, a NSURE também tem uma função de governança e os proprietários podem ter uma palavra a dizer sobre a organização e o futuro do protocolo. A NSURE também pode, naturalmente, ser usada para especulação de preços.

Como você pode usar a Rede NSure?
Você pode usar a Rede NSure navegando primeiro até a plataforma. Para fazer isso, clique aqui. A seguir, você precisará conectar sua carteira criptográfica externa (escolha de Metamask ou Wallet Connect), e então poderá selecionar um protocolo e um pacote de seguro. A seguir, passe pelas etapas para adquirir o seguro.

**Facilidade**

Ease é um protocolo onde você pode comprar um seguro contra perda de dinheiro através dos protocolos DeFi. Este projeto foi anteriormente chamado ArmorFi, mas mudou seu nome e sua marca no início de 2022. Os usuários podem se proteger de hacks, golpes e trapaças através do Ease. De acordo com o Ease, eles podem fazê-lo de uma maneira mais simples, segura e eficaz do que muitos outros protocolos de seguro.

Outros protocolos de seguro exigem que você tranque em garantia. Esta garantia deve ser igual ao valor das fichas que você está segurando. No momento em que a garantia diminuir de valor, ou as fichas cobertas aumentarem de valor, você terá que contratar um novo plano de seguro.

Isto garante que este tipo de aplicação possa ser utilizado apenas por uma pequena parte dos comerciantes de criptografia. Isto porque você precisa estar de posse de uma grande quantia de dinheiro antes de poder se segurar contra os riscos. A Ease encontrou uma solução chamada Uninsurance.

**Como funciona o Uninsurance?**
Cobrir os danos da DeFi é o que a Ease faz com o Uninsurance. Anteriormente, esta solução era chamada de Armor Smart Cover. Todos os ativos cobertos pelo ecossistema servem imediatamente como garantia. Como resultado, os participantes não precisam colocar garantias adicionais, e todos podem participar do Ease.

Haverá sempre garantias suficientes. Isto porque o valor dos ativos cobertos é igual ao valor do total da garantia. Desta forma, a Ease pretende ser um protocolo de seguro que se torne o mais amigável possível para o usuário.

No momento em que ocorre um hack, os bens das vítimas são imediatamente liquidados para compensar a perda.

Você pode participar do Uninsurance sem ter que pagar pelos serviços. Isto porque os bens de todos os participantes servem diretamente como garantia, não havendo, portanto, necessidade de pagar taxas. Você pode cancelar seu seguro removendo seus bens.

### Ficha ARMOR

O ecossistema Ease ainda usa o símbolo ARMOR para funções de governança. No futuro, o ARMOR será convertido para o token EASE. Quando isso acontecer ainda não é conhecido.

### Como você pode usar o Ease?

Você pode usar o Ease navegando primeiro até a plataforma. Você pode fazer isso clicando aqui. A seguir, você precisará conectar sua carteira criptográfica externa, e então poderá selecionar um protocolo e um pacote de seguro. A seguir, passe pelas etapas para adquirir o seguro.

A utilização de um protocolo ou plataforma DeFi não é totalmente sem risco. Há sempre uma chance de perder dinheiro. Todos os produtos DeFi usam contratos inteligentes, e algo pode dar errado lá. Como a tecnologia de cadeia de bloqueio é irreversível e descentralizada, os erros não podem ser corrigidos.

Felizmente, você pode obter seguro contra este tipo de risco da Nexus Mutual, NSure Network e Ease. Com estes tipos de protocolos, você precisa se preocupar um pouco menos com os riscos, embora seja importante ainda estar atento aos riscos que você enfrenta a todo momento.

# O mais seguro e estável

As moedas estáveis parecem simples, mas vêm em todas as formas e tamanhos diferentes. Por isso, pode ser difícil escolher qual é a melhor moeda estável a ser usada.

Naturalmente, você preferiria usar uma moeda estável que seja fácil de usar, mas é uma das moedas criptográficas estáveis mais seguras do mundo.

Temos o prazer de lhe falar mais sobre as moedas mais populares do estábulo que você poderia usar neste capítulo. Também vou entrar em mais detalhes sobre como cada estábulo é apoiado e como é a segurança do estábulo.

**O que é uma moeda estável?**
Moedas estáveis são moedas criptográficas que têm sempre um valor estável. Este valor está ligado ao preço de outro ativo.

Na maioria dos casos, é uma moeda fiduciária. Por exemplo, o valor de uma moeda estável pode sempre ser igual ao euro ou ao dólar americano, o que significa que uma moeda estável também vale um euro ou dólar.

Uma moeda estável deve ser apoiada por um ativo subjacente. Em muitos casos, não importa qual é o ativo subjacente, desde que o valor total seja igual à demanda.

Isto porque a oferta e a demanda devem ser iguais para garantir estabilidade.

## Quais são as moedas do estábulo?

Hoje você tem a escolha de um grande número de moedas estáveis. Pode ser difícil fazer uma escolha a partir da grande oferta. E muito menos saber qual é o mais seguro. Abaixo lhe dizemos quais são os estábulos mais populares, como eles funcionam e de que forma são apoiados.

## Corda (USDT)

O Tether (USDT) é a moeda estável mais popular do mundo. Esta stablecoin tem sido uma das 5 maiores moedas criptográficas dos últimos anos, com base no limite de mercado. O Tether reflete o preço do dólar americano, assim como a maioria das outras moedas estáveis.

O Tether foi lançado pela empresa eponymous em 2014 como Realcoin. Na época, o Tether funcionava na cadeia de bloqueio da Bitcoin em conjunto com a plataforma Omni. Não muito mais tarde, o nome da Realcoin foi mudado para USTether, só para ser mudado de volta para USDT pouco tempo depois. Como você provavelmente também sabe, o Tether não está atualmente disponível apenas na cadeia de bloqueio da Bitcoin. Agora você pode negociar esta moeda criptográfica na cadeia de bloqueio do Ethereum, EOS, Algorand, OMG e TRON.

**O Tether é seguro?**
Em 2020, a Tether fez a notícia quando foi revelado que a maioria das fichas USDT era apoiada por dinheiro de bancos comerciais. Era pelo menos 97% das moedas em circulação.

Dinheiro comercial bancário é dinheiro que não existe fisicamente, mas só pode ser encontrado como um número em uma conta bancária. Em muitos casos, o dinheiro de um banco comercial é considerado menos seguro, comparado ao dinheiro em espécie. O cabo então indicado para converter o dinheiro do banco comercial em dinheiro.

No passado, USDT caiu uma vez para um valor de US$ 0,88, o que também é o mesmo que o ATL (sempre baixo) de USDT.

Algumas pessoas expressam sua preocupação com a segurança do Tether. No entanto, até agora, ela nunca deu errado e Tether indica que se tornará ainda mais segura no futuro.

**Moeda USD (USDC).**
A moeda USD (USDC) está atrelada ao dólar americano. Lançada em 2018, esta moeda estável está agora disponível em mais de 30 correntes de bloqueio, incluindo a corrente de bloqueio de Solana, Algorand, Binance Smart Chain e Fantom.

A Circle and Coinbase são as empresas por trás do desenvolvimento da USD Coin. Elas criaram esta moeda estável porque queriam emitir uma moeda criptográfica estável e segura, que também é fácil de usar. Portanto, eles disponibilizaram a moeda estável em um grande número de correntes de bloqueio.

Com base no limite de mercado, a USD Coin é a segunda maior moeda estável do mundo.

### Quão segura é a USD Coin?

Até agora, não foram descobertos grandes problemas com a USD Coin. Em 2020, os fundadores da USD Coin indicaram que haveria uma grande atualização do protocolo e contratos inteligentes da USD Coin. Estas atualizações deveriam facilitar o uso da USDC. Os usuários deveriam poder usar USD Coin para pagamentos diários sem ter que se preocupar com a segurança.

O valor de USD Coin é apoiado por dinheiro. A quantidade de moedas em dinheiro que a Moeda USD tem em reserva é igual ao número de moedas USDC emitidas. Desta forma, o valor estável de USDC é garantido.

### Binance USD (BUSD)

O Binance Crypto Exchange emitiu uma moeda estável junto com Paxos que funciona na cadeia de binância. A Binance USD (BUSD) é negociável desde 2019 e tem seu valor atrelado ao dólar americano. O BUSD é emitido como uma ficha ERC20 e BEP2, o que significa que também pode ser usado em outras cadeias de bloqueio, como o Ethereum.

**O Binance USD (BUSD) é uma moeda estável segura?**
O BUSD é aprovado pelo Departamento de Serviços Financeiros do Estado de Nova Iorque (NYDFS) e também é regulamentado por esta organização. Todo mês o Relatório Mensal de Auditoria do BUSD é publicado no site do Binance. Neste relatório você pode encontrar os desenvolvimentos do BUSD, tais como o número total de moedas estáveis emitidas e como elas são cobertas. Portanto, o BUSD é muito transparente e quer garantir que as pessoas tenham confiança nele.

Paxos assegura que os dólares sejam mantidos em reserva para garantir um valor constante. Essas reservas são mantidas em um banco dos EUA e por Tesouros dos EUA.

Até agora, não houve problemas com a segurança do Binance USD. Enquanto isso, o BUSD está entre as mais populares moedas estáveis do mundo.

**Dai (DAI).**
A cadeia de bloqueio do Ethereum está funcionando em DAI. Trata-se de uma moeda estável que tem o mesmo valor que o dólar americano. Entretanto, o valor não é coberto pelo dólar americano. Ele é mantido igual e coberto por moedas criptográficas por meio do Protocolo Maker e MakerDAO.

O Protocolo Maker garante que uma série de moedas criptográficas sejam mantidas em um contrato inteligente. O valor dessas moedas criptográficas deve ser igual ao número total de moedas estáveis DAI emitidas. Portanto, o protocolo está constantemente comprando e vendendo moedas criptográficas. Isto não leva em conta apenas o número de moedas estáveis em circulação.

Naturalmente, o valor das moedas criptográficas mantidas também pode mudar. Portanto, o protocolo terá que garantir estabilidade em várias frentes.

**O DAI é uma moeda estável segura?**
O valor do DAI é coberto por outras moedas criptográficas. Um algoritmo automatizado garante que a oferta e a demanda permaneçam as mesmas, dando ao DAI um valor constante de $1. Apesar do DAI trabalhar de uma forma completamente diferente da maioria das moedas estáveis, nenhum problema foi descoberto com o DAI até agora.

**TerraUSD (UST)**
A TerraUSD (UST) é a moeda estável emitida pelos Laboratórios Terraform. O valor desta moeda estável é mantido estável pelo Terra (LUNA).

Este é um protocolo que garantiu que a UST fosse coberta pela LUNA. Uma vez que a demanda pela UST aumenta, os proprietários da LUNA são encorajados a trocar sua LUNA pela UST. Para isso eles recebem mais UST do que LUNA, tornando financeiramente atraente a troca de fichas.

Quando a demanda por UST diminui, os proprietários de UST são encorajados a trocar seus USTs por LUNA. Desta forma, a cobertura do UST é mantida igual ao número de fichas UST emitidas.

## A TerraUSD (UST) é segura?

Em meados de maio de 2022, tornou-se claro que TerraUSD não é uma moeda estável segura. O valor do stablecoin caiu, após o que muitas pessoas decidiram vender as fichas LUNA. Isto causou a queda da LUNA. Esta queda foi tão rápida que o protocolo do TerraUSD não podia queimar UST suficientemente rápido. O resultado: tanto UST como LUNA caíram no valor ainda mais rápido.

Em 13 de maio de 2022, a equipe por trás do Terra decidiu até mesmo fazer uma pausa na cadeia de bloqueio. Eles queriam estabelecer um plano de ação antes de seguir em frente. Ainda não está claro se vai conseguir fazer com que o TerraUSD volte a funcionar. Uma questão maior é se conseguirá fazer com que as pessoas voltem a confiar no TerraUSD e na TerraUSD.

## TrueUSD (TUSD)

TrueUSD (TUSD) é uma moeda estável emitida pela empresa TrustToken. O valor do TUSD está sempre atrelado ao dólar americano e é respaldado por dólares.

Todas as fichas TUSD são emitidas através de um contrato inteligente na plataforma TrustToken. A empresa tem vários bancos como parceiros que detêm dólares pelo número de fichas que emitiram.

Em 2019, TrueUSD tornou-se a primeira empresa estável do mundo a emitir auditorias em tempo real. É possível para qualquer pessoa ver o status do TrueUSD na plataforma TrustToken. Isto mostra que o TrustToken é, portanto, aberto e transparente sobre o TrueUSD.

**TrueUSD (TUSD) é uma moeda estável e segura?**
Desde seu lançamento em 2018, a TrueUSD não teve nenhum problema. A TrustToken também tem sido muito aberta sobre a cobertura da TrueUSD até agora. A moeda do estábulo é totalmente apoiada por dólares, que são mantidos em reserva pelos bancos. Na plataforma da TrustToken, você pode ver quantos dólares estão em reserva, e assim saber se a TrueUSD está suficientemente coberta.

Ao mesmo tempo, o TrueUSD é uma moeda estável menos conhecida. Portanto, talvez seja sábio fazer você mesmo uma boa pesquisa sobre esta moeda, antes de decidir transferir seus bens para esta moeda.

**USDD (USDD)**
USDD (USDD) é uma das mais novas moedas estáveis que você encontrará neste capítulo. Esta moeda estável foi emitida em maio de 2022 pela Reserva TRON DAO e

funciona na cadeia de bloqueio TRON. O TRON construiu um mecanismo dentro da cadeia do estábulo que garante que o USDD possa sempre se manter estável. O valor é atrelado ao dólar americano.

## A USDD é segura?
O valor do USDD é respaldado pela Reserva TRON DAO. Isto faz da USDD a primeira moeda estável do mundo respaldada por uma reserva criptográfica. Como o USDD acaba de ser lançado, não está claro, neste momento, se o USDD é seguro. Levará algum tempo até sabermos se USDD contém alguma vulnerabilidade, ou se é resistente a todos os tipos de ataques. Portanto, não custa ser cuidadoso e fazer uma pesquisa completa sobre a USDD antes de decidir comprar esta moeda estável.

Há muitas moedas estáveis diferentes disponíveis. Cada estábulo funciona de uma maneira diferente, e também é apoiado de uma maneira diferente. Isto pode tornar certas moedas de estabulação mais seguras do que outras moedas de estabulação. É sábio fazer sempre sua própria pesquisa sobre como funciona um estábulo, antes de decidir ter seus bens protegidos por este estábulo.

# A mentalidade de investir

As pessoas não são tão racionais como muitas vezes pensamos ser, e isto é ainda mais verdadeiro quando se trata de questões financeiras e incertezas. Como o mundo é tão complexo, somos confrontados com mais informações do que podemos processar conscientemente. Nossos cérebros então tomam atalhos, fazendo com que as decisões contornem nosso processo de pensamento consciente. Isto pode levar a erros de pensamento psicológico, o que pode resultar em decisões erradas.

Este capítulo discute as principais percepções ao fazer escolhas em tempos incertos e discute 10 erros de pensamento psicológico comuns que podem desempenhar um papel ao negociar criptogramas ou NFTs.

**Decisões**
Antes de falarmos de decisões, é bom primeiro considerar o conceito de uma decisão. O que é exatamente uma decisão?

**O que é uma decisão?**
No livro 'Rational Choice in an Uncertain World', Hastie & Dawes descreve uma decisão como uma resposta a uma situação que consiste em três componentes diferentes:

Em primeiro lugar, deve haver uma situação incerta.

Em segundo lugar, deve haver pelo menos duas escolhas diferentes.

Em terceiro lugar, deve haver conseqüências positivas e negativas associadas às escolhas.

Assim, uma decisão é uma resposta a uma situação incerta, onde existem múltiplas escolhas que podem ter conseqüências tanto positivas quanto negativas.

**Um exemplo:**

Depois de muitas boas histórias de amigos e informações que você leu na Internet, você quer começar a investir em criptografia na esperança de ter lucro. Você escolhe Bitcoin (BTC). Nas últimas semanas, a Bitcoin só subiu. Por um lado, uma correção já poderia estar chegando, mas por outro lado, a Bitcoin está tão alta que a ascensão também poderia continuar por algum tempo. Você está agora diante de uma escolha importante: você compra moedas criptográficas agora ou espera um pouco?

Se você comprar moedas criptográficas agora, há duas conseqüências: o preço sobe ainda mais e você obtém um lucro (positivo) ou o preço cai e você obtém uma perda (negativo). Por outro lado, você também pode esperar um pouco antes de comprar moedas criptográficas, mas isso também tem conseqüências: o preço sobe ainda mais, tornando as moedas criptográficas mais caras (negativas) ou o preço cai, tornando as moedas criptográficas mais baratas (positivas).

Tomar uma decisão geralmente é principalmente pesar as conseqüências positivas e negativas das possíveis escolhas que você tem. Se as pessoas escolhem fazer um determinado investimento dependerá, portanto, das expectativas do preço naquele momento, do retorno esperado e de sua atitude e conhecimento dos riscos envolvidos naquilo em que você quer investir.

**A próxima pergunta é como exatamente tomar tal decisão.**

### Como tomamos decisões?

Há várias teorias que explicam como tomamos decisões. Neste capítulo, discutimos a teoria do processo duplo de Daniel Kahneman.

Daniel Kahneman é professor emérito de psicologia e assuntos públicos na The Princeton School of Public and International Affairs da Princeton University. Ele é um grande pioneiro na interface da psicologia e economia, e em 2002 tornou-se o primeiro psicólogo a ganhar o Prêmio Nobel de economia por integrar insights psicológicos com a ciência econômica, particularmente no que diz respeito à tomada de decisões humanas sob incerteza. Kahneman é, portanto, um dos psicólogos mais influentes do mundo e escreveu o bestseller "Pensando, rápido e lento" em 2011. Neste livro ele demonstra que os humanos são seres irracionais, distinguindo dois sistemas de pensamento: o pensamento rápido e o pensamento lento.

**A teoria do processo duplo**

A teoria do processo duplo de Kahneman é uma teoria básica da tomada de decisões. De acordo com esta teoria, tomamos decisões com base em dois sistemas cognitivos:

Sistema 1 Pensamento rápido: rápido, automático, inconsciente.
Sistema 2 Pensamento lento: lento, deliberado, consciente.
De acordo com Kahneman, temos dois sistemas diferentes de pensamento. O pensamento rápido é uma forma irracional, rápida e intuitiva de pensar e o pensamento lento é uma forma racional, lenta e deliberada.

Ambos os sistemas são muito úteis na prática, mas muitas vezes chegamos a decisões incorretas usando a maneira errada de pensar, sem estarmos cientes disso. Quando nos apressamos a tomar uma decisão sobre um assunto complicado, o fazemos através do sistema 1. Isto pode levar a erros de pensamento psicológico, o que pode resultar em decisões erradas. Ao usar o sistema 2 para tomar uma decisão informada, isto pode ser evitado normalmente. Entretanto, o livro de Kahneman mostra que quando tomamos decisões importantes, muitas vezes pensamos que estamos usando o sistema 2, quando na verdade não estamos. Nosso cérebro então faz atalhos para evitar o desperdício de energia preciosa, fazendo com que as decisões contornem nosso processo de pensamento consciente. A conclusão é que usamos o sistema 1 com muito mais freqüência do que imaginamos.

**Heurística e erros de pensamento**
Como acabamos de explicar, decisões precipitadas usando o sistema 1 podem levar a erros de pensamento psicológico, levando-nos a tomar decisões erradas. O seguinte explica exatamente como este processo funciona.

As pessoas não são tão racionais como muitas vezes nos levamos a acreditar. Uma grande quantidade de pesquisas tem mostrado que pessoas calculistas e racionais, homo economicus, não são nada mais que um mito. Como o mundo é tão complexo, somos confrontados com mais informações do que podemos processar conscientemente. Isto é ainda mais verdadeiro quando se trata de questões financeiras e incertezas.

Começa com a heurística. Uma heurística é o procedimento de encontrar uma resposta adequada, mas geralmente imperfeita, a uma pergunta complexa de uma maneira simples. Assim, uma pergunta complexa é substituída por uma pergunta simples. Isto é eficiente, mas nem sempre correto.

A partir do uso da heurística, os vieses cognitivos, os erros de pensamento, podem surgir posteriormente. Isto envolve não aplicar uma regra lógica, mesmo que seja claramente relevante em um caso particular.

Finalmente, estes erros de pensamento podem levar a decisões erradas.

Não é fácil evitar erros de pensamento, uma vez que o sistema 1 funciona automaticamente e, portanto, nem sempre estamos cientes de possíveis erros. Se ainda houver evidência de um erro de raciocínio, ele pode ser evitado através de verificação adicional pelo sistema 2. Portanto, é especialmente bom reconhecer situações nas quais podem ocorrer erros de raciocínio, para que nos tornemos cientes deles.

A seção seguinte dá 10 exemplos de heurísticas e erros de pensamento que podem desempenhar um papel nas decisões tomadas ao negociar criptográficos ou NFTs.

## Exemplos de erros de pensamento psicológico

### Efeito de ancoragem

O efeito de ancoragem é uma falácia psicológica que nos leva a confiar demais na primeira informação que recebemos sobre um assunto. Quando fazemos um julgamento particular, interpretamos informações mais recentes a partir do ponto de referência de nossa "âncora", em vez de vê-las objetivamente. Isto pode distorcer nosso julgamento e nos impedir de atualizar continuamente nossas previsões de forma adequada.

Por exemplo, se você primeiro ler informações de que uma nova moeda criptográfica será muito bem sucedida e definitivamente valerá $100, este efeito pode fazer com que você leve mais informações negativas sobre a moeda - por exemplo, uma estimativa de um valor máximo de apenas $1 - que você leia depois com menos seriedade. O número 100 é então usado em nossas mentes como uma "âncora de comparação" para a estimativa que fazemos, enquanto que esse número não precisa ser relevante de forma alguma ou está completamente fora do comum.

## Disponibilidade heurística

A disponibilidade heurística descreve nossa tendência a usar exemplos que vêm rápida e facilmente à mente quando tomamos decisões sobre o futuro. Quando podemos nos lembrar de algo específico, daremos mais peso a isso do que a dados mais recentes, o que pode levar a um julgamento errado dos riscos e oportunidades.

Um exemplo disso é se você optar especificamente por investir no Bitcoin porque acha que pode obter muito lucro com ele porque leu em toda a mídia que esta moeda criptográfica disparou nos últimos anos. Por outro lado, se você tivesse baseado sua escolha em uma análise completa das opções, poderiam ter surgido outras moedas criptográficas que lhe permitissem obter muito mais lucro porque elas tinham ainda mais potencial de crescimento do que a Bitcoin. Desta forma, sua estimativa é influenciada e as oportunidades de investimento são limitadas.

**Efeito Bandwagon**

O efeito "Bandwagon" é uma falácia psicológica, onde as pessoas fazem algo principalmente porque outras pessoas o estão fazendo. Suas escolhas estão alinhadas com o que outras pessoas estão fazendo e as próprias crenças são ignoradas no processo. Isto também é chamado de comportamento de rebanho.

Vemos este fenômeno, por exemplo, quando as pessoas compram moedas criptográficas ou NFTs puramente por causa do hype e do FOMO. Em seguida, fazem uma compra sem fazer nenhuma pesquisa por conta própria, esperando ganhar dinheiro rapidamente. Infelizmente, isto muitas vezes se revela errado, causando perdas.

**Viés de confirmação**

O viés de confirmação descreve nossa tendência subjacente de nos concentrarmos mais e dar mais valor às informações que se encaixam em nossas próprias crenças existentes. Nesses casos, são buscadas informações que confirmem opiniões existentes e dados que as refutam são ignorados. Assim, as decisões são distorcidas com base em nossos próprios preconceitos cognitivos.

Isto ocorre, por exemplo, quando estamos muito otimistas sobre uma determinada moeda criptográfica, e filtramos informações negativas úteis que não correspondem a nossas próprias idéias. Isto pode nos levar a não considerar riscos sérios nas decisões.

## Efeito avestruz

O efeito avestruz refere-se a ignorar informações
negativas ao tomar decisões, enterrando a cabeça na
areia, por assim dizer. Este efeito tem o nome da fábula
sobre o comportamento de vôo de um avestruz, que
colocaria sua cabeça na areia para evitar ver o inimigo,
assumindo que o perigo também não seria capaz de ver
o avestruz.

Vemos isso refletido na prática na tendência dos
investidores de evitar informações negativas. Por
exemplo, um estudo também descobriu que durante os
mercados de ursos, os investidores têm menos
probabilidade de olhar para o valor de seus
investimentos.

## Polarização dos resultados

O viés de resultado refere-se a julgar uma decisão
baseada no resultado (já conhecido), sem considerar a
qualidade da decisão que a precedeu e as informações
que eram conhecidas de antemão. Assim, a correção de
uma decisão é julgada exclusivamente com base nas
conseqüências da decisão e leva em conta informações
que não estavam disponíveis anteriormente. O fato de
ter obtido um resultado positivo não significa que a
decisão tenha sido correta. O perigo disto é que você
tome decisões de acompanhamento com base nas
conseqüências positivas, e estas podem vir a ser bem
diferentes.

Por exemplo, se você investiu em uma merda de moeda porque ela era hipotética e teve muito lucro, isso não significa que foi uma decisão inteligente e que você voltará a ter muito lucro no futuro desta maneira.

## Efeito de superconfiança

O efeito de superconfiança significa que algumas pessoas têm confiança demais em suas próprias habilidades, o que as leva a assumir riscos maiores na vida cotidiana.

Vemos isto, por exemplo, em comerciantes que apresentam sua própria maneira de negociar e estratégias como o meio para alcançar lucros improváveis, mas desejados, sem considerar os riscos envolvidos.

## Viés pró-inovação

O viés pró-inovação envolve a tendência de um proponente de um conceito inovador de sobrestimar sua utilidade e, na verdade, subestimar suas limitações ou não vê-las de todo.

Por exemplo, novos projetos de criptografia ou NFT são freqüentemente promovidos como inovadores, estabelecendo tendências e como um novo "hype", de modo que os investidores não consideram suas limitações ou fraquezas. O fato de um determinado projeto ser inovador não significa que ele seja bem construído ou que a equipe seja confiável, enquanto

estes são pontos importantes a serem considerados
quando se quer investir em algo.

### Viés de sobrevivência

O viés de sobrevivência é uma falácia psicológica que
surge do foco apenas em exemplos de "sobreviventes",
levando-nos a julgar mal uma situação. Então, olhamos
apenas para os resultados positivos, o que muitas vezes
é apenas uma pequena porcentagem do todo. Assim, a
grande porcentagem de resultados negativos é
esquecida e não é levada em consideração ao tomar
uma decisão.

Por exemplo, você pode pensar que é fácil ganhar muito
dinheiro com criptografia ou NFTs, porque muitas vezes
você só ouve histórias de sucesso. No entanto, uma
grande parte também sofre perdas.

### Viés de risco zero

O viés de risco zero é uma falácia psicológica na qual
preferimos a certeza absoluta ao risco ao tomar
decisões, mesmo que seja desvantajoso. Neste
processo, as pessoas preferem eliminar completamente
o risco, evitando alternativas com mais riscos que
poderiam levar a melhores resultados. Isto pode levar a
resultados mais negativos, porque melhores resultados
poderiam ser alcançados se os riscos fossem tomados.

Em outras palavras, a assunção de riscos pode trazer
maiores benefícios do que aqueles obtidos quando os

riscos são completamente evitados. Anteriormente, Elon Musk também apontou isso:

Há um tremendo preconceito contra a assunção de riscos. Todos estão tentando otimizar sua cobertura de bunda.

Por exemplo, quando o mercado de ursos entrou no início de 2018, muitos entraram em pânico e muitas pessoas venderam sua Bitcoin para cobrir completamente os riscos. No entanto, muitas pessoas tiveram grandes perdas como resultado, enquanto que se não tivessem vendido suas moedas criptográficas naquela época, elas teriam tido muito lucro agora.

Este capítulo explicou por que fazemos escolhas erradas e deu vários exemplos de erros de pensamento psicológico ao comercializar criptográficos e NFTs. Não é fácil evitar esses erros, porque - mesmo que pensemos bem - ainda podemos errar de formas previsíveis.

Portanto, é especialmente bom reconhecer situações em que podem ocorrer erros de pensamento psicológico, para que possamos tomar consciência deles e possamos evitar armadilhas a fim de tomar decisões de melhor qualidade. Portanto, não deixe de tirar proveito disso!

# Empréstimos sem garantia

Quando você quer pedir emprestado criptográfico em uma plataforma montada para esse fim, muitas vezes é necessário obter garantias. Isto porque não existe um intermediário, portanto, os usuários devem poder confiar uns nos outros. No entanto, isto garante que nem todos possam pedir emprestado o criptograma. Na maioria dos casos, os ricos podem pedir emprestado ainda mais, enquanto os pobres caem no esquecimento.

Muitas partes estão trabalhando para encontrar soluções. Eles o fazem desenvolvendo novos protocolos que contribuem para a emissão de empréstimos sem garantia. É possível contrair um empréstimo criptográfico sem ter que pagar garantia total (ou nenhuma).

A seguir, explico tudo o que você precisa saber sobre empréstimos sem garantia. Também discuto todas as categorias dentro de "empréstimos sem garantia" e discuto os protocolos que pertencem a eles.

Empréstimos criptográficos, o que tem?
O empréstimo e a criptografia de empréstimos é uma parte importante da DeFi (Finanças Descentralizadas). Existem muitas plataformas diferentes onde você pode emprestar moedas criptográficas a outras pessoas, ou emprestar criptográfico de outras pessoas. Quando você empresta o cripto, você recebe um juro sobre o

cripto emprestado. Estes juros são pagos pelas pessoas que emprestam o criptograma. Elas eventualmente têm que pagar juros sobre o empréstimo. Dentro do criptograma, chamamos isto de "Empréstimo".

O que são Empréstimos Subcollateralizados? Empréstimos sem garantia são empréstimos criptográficos sem nenhuma garantia ou garantia que seja inferior ao valor dos ativos emprestados. Normalmente, você tem que ter criptografia como garantia antes de poder tomar um empréstimo. Uma vez que tudo funciona de forma descentralizada, isto é necessário para construir confiança. No entanto, isso garante que nem todos possam contrair um empréstimo. Afinal de contas, você só tem que segurar criptografia suficiente. Isto cria uma lacuna entre ricos e pobres.

Com empréstimos não-colateralizados, é possível tanto para ricos como para pobres pedir emprestado moedas criptográficas. De acordo com muitas pessoas, os empréstimos sem garantia não substituem os empréstimos com garantia em excesso. Ao invés disso, eles se dirigem a um mercado completamente novo que é mais amplamente distribuído.

À primeira vista, isso pode parecer impossível. Afinal, como conseguir que as pessoas emprestem seu criptograma quando outros não têm que colocar garantias, ou baixar as garantias, para isso? É claro, você não quer que alguém não pague suas moedas criptográficas. No entanto, já existem vários protocolos que conseguiram fazê-lo.

Quais protocolos de empréstimos não-colateralizados existem?
Há vários protocolos que oferecem empréstimos sem garantia. Todos eles fazem isso de uma maneira diferente, portanto, podemos classificar esses protocolos em diferentes categorias. Abaixo você pode ver quais categorias eles são, e a quais protocolos eles pertencem.

Crypto Crédito nativo
As pontuações de crédito nativo Crypto são ideais para empréstimos pessoais e microfinanças. A idéia por trás deste modelo é construir uma identidade em cadeia para cada usuário. A história dos usuários é armazenada, a fim de se ter uma idéia melhor sobre o comportamento dos usuários.

Isto é necessário para determinar se alguém deve ser considerado para um empréstimo. Se se verificar que alguém não pagou (no prazo) várias vezes no passado, estes usuários podem ser excluídos de empréstimos futuros. Afinal de contas, ninguém está esperando por inadimplentes.

Isto diz respeito aos dados de empréstimos históricos, agricultura de rendimento, atividades comerciais, participação na governança, etc. Ao mesmo tempo, a privacidade dos usuários deve ser suficientemente garantida. Alguns protocolos resolvem isso utilizando tecnologias como as provas Zk. As partes autorizadas podem então ver apenas os resultados, enquanto outros dados permanecem protegidos.

As pontuações de crédito nativo criptográfico permitem que as pessoas e protocolos vejam se alguém pode se qualificar para um empréstimo. Eles então não têm que pagar garantia total, de modo que os protocolos dentro das pontuações de crédito nativo criptográfico contribuem para o desenvolvimento de empréstimos não-colateralizados.

Estes são conhecidos protocolos de pontuação de crédito criptográfico nativo:

LedgerScore (LED);
Credmark (CMK);
EasyFi (EZ);
Asa (WING);
Zoracles (ZORA);
Arco.
Avaliação de risco de terceiros.
As avaliações de risco de terceiros são ideais para empréstimos pessoais, microfinanças e corretagem principal descentralizada. A vantagem deste tipo de empréstimo é que o risco é distribuído, deixando os usuários com um risco muito menor. Isto torna atraente o uso de avaliações de risco de terceiros.

Neste modelo, um terceiro (não um mutuário ou doador) chamado avaliador é escolhido para realizar uma avaliação de crédito. Para isso eles são recompensados, mas também terão que descontinuar alguns ativos. Caso ocorra uma inadimplência, sua participação será tirada primeiro.

Este modelo torna possível pedir emprestado o criptográfico sem ter que pagar a garantia total. Isto abre muitas possibilidades. Ao mesmo tempo, um sistema de pontuação de crédito na cadeia é construído. Caso um usuário não pague seus empréstimos, isto será armazenado. Assim, se tornará cada vez mais fácil para os revisores de crédito rejeitar os inadimplentes.

A maior desvantagem deste sistema é nos primeiros meses ou anos. Nenhum sistema de pontuação de crédito foi construído até então, tornando difícil avaliar se alguém pode ser elegível para contrair um empréstimo.

Como os usuários não têm que pagar garantia total, os empréstimos de avaliação de risco de terceiros pertencem a empréstimos sem garantia.

Estes são protocolos conhecidos de avaliação de risco de terceiros:

Goldfinch (GFI);
Dharma;

Maple (MPL);
TrueFi (TRU);
Bloom (BLOOM).
Empréstimos Flash
Empréstimos flash podem ser usados para arbitragens, swaps de garantias e liquidez. A vantagem é que todas as partes envolvidas recuperam seus ativos quase imediatamente e o risco envolvido é pequeno. Entretanto, os empréstimos relâmpago muitas vezes não podem ser usados para fins pessoais.

Com um empréstimo flash, os ativos emprestados devem ser reembolsados na mesma transação. Portanto, isto não é conveniente quando se deseja contrair um empréstimo por um período de tempo mais longo. Em vez disso, os empréstimos flash são ideais para comerciantes que querem fazer uso de pequenas flutuações de preços entre diferentes DEX's em combinação com uma alavancagem (negociação de margem).

Assim, com um empréstimo relâmpago você não precisa garantir garantias que sejam superiores ao montante emprestado. É por isso que os empréstimos relâmpago pertencem aos empréstimos sem garantia.

Estes são conhecidos protocolos de empréstimo flash:

Aave (AAVE);
Dydx (DYDX);
Equalizador (EQZ).

Os protocolos de bootstrap da rede pessoal são ideais para empréstimos pessoais. Além disso, a probabilidade de inadimplência com estes tipos de protocolos é incrivelmente baixa. As pessoas que querem tomar emprestado o criptograma terão primeiro que ser adicionadas pelos membros do pool de empréstimos. Isto significa que a plataforma cresce organicamente, assim como uma rede.

Há muita confiança entre os membros do pool. Todos se conhecem, o que torna mais fácil manter os inadimplentes fora. No entanto, você pensaria que é difícil manter os inadimplentes fora dessa forma. Afinal de contas, qualquer um pode acrescentar e aceitar novos membros. Muitos protocolos já descobriram isso.

Se você tiver adicionado um inadimplente, você poderá ser penalizado. Portanto, convidar pessoas que você não conhece pode ser uma piada cara. O risco é simplesmente grande demais.

Estes são protocolos de bootstrap de rede pessoal bem conhecidos:

Acrópole (AKRO)
União (UNN)
Aave (AAVE)

Empréstimos de bens do mundo real

Ao contrário de outros protocolos, você poderia usar empréstimos de bens do mundo real para, digamos, uma hipoteca. Na verdade, você pode usar este tipo de empréstimo para qualquer bem do mundo real. Bastante único, porque o financiamento é feito inteiramente na cadeia de bloqueios.

Os empréstimos de bens do mundo real são representados como NFTs na cadeia de bloqueio. As NFTs contam em parte como garantia para o empréstimo. Portanto, é possível comparar isto com as hipotecas emitidas pelos bancos. Nesse tipo de hipoteca, os edifícios também são as garantias do empréstimo.

Se o usuário que tomou emprestado o dinheiro não puder mais pagar seu empréstimo, o dinheiro pode ser pago de volta com o NFT. Estes podem ser revendidos. O comprador do NFT então compra o certificado de propriedade do ativo real subjacente.

O maior desafio está principalmente na liquidez e na regulamentação. É fácil dizer que um certo NFT representa a prova de propriedade de uma casa, mas as leis e regulamentos locais têm que estar em vigor. Na Holanda, por exemplo, as NFTs ainda não são consideradas prova legal de propriedade. Portanto, muita coisa terá que mudar antes que estes tipos de empréstimos possam funcionar em larga escala.

Estes são protocolos conhecidos de empréstimo de bens do mundo real:

Centrífuga (CFG)
OpenDAO (SOS)
RealT (REAL)


NFTs como colateral
Há também protocolos onde você pode usar o NFT como garantia para um empréstimo. As NFTs tornaram-se incrivelmente populares nos últimos anos e, portanto, muitos destes tipos de fichas aumentaram de valor. Portanto, pode ser atraente usar estes tokens para Empréstimo.

Embora seja uma idéia única, resta saber se isto vai funcionar. Afinal, o valor de um NFT é baseado principalmente no hype. O valor de uma NFT-art pode muito facilmente cair como um castelo de cartas. Isto torna difícil atribuir um valor às NFTs que são definidas como garantia.

No entanto, estamos vendo um interesse crescente nestes tipos de empréstimos. Os NFT são populares, e as pessoas preferem usá-los para o maior número possível de propósitos.

Estes são conhecidos NFTs como protocolos colaterais:

Hélio (HLO)
Lendróide (LST)

Stater (STR)
Aave (AAVE)
YouHodler
NFTfi

Integração de crédito fora da cadeia
Para empréstimos pessoais e microfinanças, a integração do crédito fora da cadeia é muito útil. Isto porque estes tipos de protocolos têm muitos dados dos usuários e podem estabelecer conexões entre outros protocolos. Isto facilita descobrir muito sobre certos usuários.

Com a integração de crédito fora da cadeia, os dados que estão nos servidores centrais são integrados à cadeia de bloqueio. É claro que há muito mais dados sobre as pessoas disponíveis fora da cadeia do que os dados disponíveis na cadeia. Bancos, companhias de seguros e outras instituições financeiras rastreiam o comportamento das pessoas. Eles fazem isso para determinar se alguém deve ter permissão para acessar certos serviços.

Se se verificar que alguém nunca paga seus impostos e prêmios a tempo, um locador pode barrar alguém. A chance de o locatário potencial não pagar seu aluguel a tempo é então muito alta.

Ao mover este tipo de dados para a cadeia de bloqueio, é mais fácil determinar se alguém deve ser autorizado a obter um empréstimo criptográfico. As pessoas que se revelam dignas de crédito não têm que apresentar nenhuma garantia, ou substancialmente menos.

Estes são conhecidos protocolos de integração de crédito off-chain:

Contador (TELLER)

Empréstimos de ativos digitais
Os protocolos de empréstimos de ativos digitais são ideais para o comércio com alavancagem. Como resultado, estes tipos de protocolos são muito semelhantes aos empréstimos flash. A diferença, entretanto, é que os ativos adquiridos são colocados em um contato inteligente até que o empréstimo seja pago. Se a negociação não correr bem, o contrato pode liquidar a posição após a qual a perda é coberta pelo protocolo. Então, o valor total é pago de volta ao credor. Assim, o credor não tem que se preocupar com o pagamento.

Estes são protocolos de empréstimo de ativos digitais bem conhecidos:

Lendefi (LDFI)

Com empréstimos não-colateralizados é muito mais fácil pedir emprestado o criptograma. Você não precisa colocar nenhuma (ou muito menos) garantia. Há várias categorias dentro dos empréstimos sem garantia. Há um total de dezenas de protocolos que pertencem a eles, o mais importante dos quais você leu acima.

# Análise na cadeia

Se você vai investir no mercado criptográfico, você pode se beneficiar muito da análise na cadeia. Neste capítulo, eu o levarei através do que é a análise de dados na cadeia, como aplicá-la e que indicadores você pode usar.

**O que é cadeia de bloqueio?**
A tecnologia de cadeias de bloqueio está desempenhando um papel cada vez mais importante em nossas vidas, embora ainda seja abracadabra para muitas pessoas.

Blockchain é um banco de dados com uma cadeia de blocos. Os blocos contêm transações aprovadas, com todos os tipos de novas transações, novos blocos são adicionados à cadeia.

Como os blocos são aprovados por outros usuários, a margem de erro é extremamente pequena. Uma vez executadas as transações não podem ser revertidas, aumentando a segurança.

**Cadeia de bloqueio vs. Cripto**
Você agora sabe um pouco sobre o que é a cadeia de bloqueio, mas o que ela tem a ver com as moedas criptográficas? O comércio com dinheiro requer um alto grau de segurança, que não foi totalmente coberto nas primeiras versões da cadeia de bloqueio. Na época,

você poderia gastar suas moedas digitais apenas duas vezes, o que, naturalmente, não é a intenção.

Um sistema financeiro estável precisa de uma fundação segura e transparência. Ao rastrear os dados, mostrando onde as transações são feitas e por quem, você pode remover o intermediário central do processo. E foi assim que a cadeia de bloqueio tornou possível o comércio em moedas criptográficas.

Uma cadeia de bloqueio nada mais é do que um conjunto de transações, com as ações registradas nos blocos. A segurança é garantida através de hashes, que vêm do Algoritmo de Hashing Seguro.

Para os que duvidam e para aqueles que têm dúvidas sobre um sistema financeiro digital, talvez esses grandes investidores mudem de idéia.

**O que é análise na cadeia?**
Agora você está ciente de alguns conhecimentos básicos, como o que é a cadeia de bloqueio e como pode um sistema de dinheiro digital funcionar com base nesta tecnologia. Mas em que ponto é melhor entrar, os preços são previsíveis? O que faz com que os preços subam ou caiam?

A análise técnica estuda a ação do preço, a análise fundamental analisa a influência de fatores externos sobre a moeda. Mas o que faz a análise na cadeia? A análise na cadeia se concentra na análise dos dados na cadeia de bloqueio, para que você possa compreender os elementos que influenciam a ação do preço.

Com estes dados você pode avaliar melhor o que o preço da moeda digital fará, para que você possa responder melhor a ele. Também chamamos isto de determinar o sentimento do mercado.

Perceba que a negociação em criptografia é sempre arriscada, assim como a negociação em ações. Ao realizar análises você tem uma idéia melhor do estado econômico do ser, do valor da moeda e do resultado potencial. Neste capítulo vou mergulhar mais fundo na realização de análises na cadeia, você lê junto?

**Indicadores de análise na cadeia**
Certo, você já conhece a definição agora, mas agora vamos realmente mergulhar mais fundo. Há vários indicadores, mas eles acabam se reduzindo a duas métricas chave: o número de endereços de usuários ativos e um aumento ou diminuição no número de transações.

Vamos começar com alguns indicadores de análise, pois eles indicam quem está ativo no mercado de criptografia e que tipo de ações estão tomando. Estes são três indicadores populares, que também são ótimos para analisar com uma ferramenta, como o Glassnode:

- CDD - Coin Days Destroyed (Dias de Moedas Destruídas)

- SOPR - Relação de lucro da produção gasta
- SOAB - Faixas de idade de saída gastas

Além destes três indicadores na cadeia, você tem muitos outros, tais como lucro/perda realizada, lucro/perda não realizada, carvão estável, vivacidade, ASOL, NVT, etc.

## Dias de Moedas Destruídas

Esta é uma medida utilizada para calcular, quando a última transação de uma moeda foi realizada. Quanto mais tempo uma moeda estiver inativa, mais pesa este fator. Portanto, cada dia que uma moeda não é colocada no mercado conta para um dia de moeda.

Por que isso é importante saber? Porque, se um número relativamente grande de moedas digitais está sendo negociado, então algo está acontecendo no mercado. Isto pode ser positivo ou negativo, mas algo está acontecendo. Se o preço está subindo e o CDD está subindo, você pode esperar que os leitores HODL queiram tirar proveito e entregar suas moedas para obter um bom lucro.

Se há um mercado em ascensão, mas pouca mudança no CDD, então este é um sinal para um mercado em alta. Isso significa que os investidores estão optando por manter sua moeda, de modo que eles estão confiantes em sua escolha.

Finalmente, você tem a tendência lateral, que é quando não há flutuações de preços e o mercado é bastante estável. Se os investidores vão resgatar as moedas - assim o CDD sobe - então eles perderam o entusiasmo e vão procurar um investimento mais atraente.

### Cálculo do Incator CDD

O cálculo do valor do indicador CDD é o seguinte: o número de moedas emitidas x a vida útil dessas moedas. Um exemplo: 3 BTC que estiveram em inatividade por 100 dias acumularam coletivamente 300 dias de moedas.

### Relação de lucro de produção gasta

O segundo indicador que vamos cobrir é o SOPR. Isto representa todas as perdas e ganhos de moedas que são reposicionadas na cadeia. Ele está ligado ao segmento macro de mercado, graças à sua representação da rentabilidade e das perdas incorridas, dentro de um determinado período de tempo.

Você mede este indicador medindo as moedas, que se moveram no período de tempo. Isto pode ser em uma hora, dia ou semana, só para citar alguns. Você olha especificamente para o valor do fiat no momento da criação do UTXO, bem como o valor do UTXO quando ele é emitido. O UTXO é a saída de transação não gasta.

### Cálculo do indicador SOPR

O cálculo deste indicador é o seguinte: dividir o valor realizado da produção em USD pelo valor na criação do UTXO original em USD. Vários resultados são possíveis:

SOPR > 1 - o preço de venda é maior do que o preço de compra
SOPR < 1 - o preço de venda é mais baixo que o preço de compra
SOPR = 1 - as moedas são vendidas no break even
A SORP representa ganhos e o retorno de moedas ilíquidas à circulação
A tendência de baixa da SORP representa perdas e/ou que as moedas rentáveis não sejam emitidas.

**Faixas de idade de saída gastas**
Este indicador SOAB é uma métrica que classifica as moedas já emitidas em categorias, com base na idade e nas faixas de cor, como uma porcentagem do número total de moedas movimentadas.

Ao estar ciente das Faixas de Idade de Saída Gastada, você pode avaliar se há períodos, onde as transações são dominadas por moedas mais novas ou mais velhas. Isto significa que você pode ver inteligentemente se os movimentos do mercado são influenciados pelos HODL'ers ou pelos participantes mais novos no mercado de criptografia.

As cores mais frias prevalecem, quando a maior parte do comércio envolve moedas antigas. Se as moedas mais jovens, em particular, estiverem ativas, então você terá uma imagem mais quente. Você pode especificar a análise ligando ou desligando itens de lendas em Glassnode.

**Cálculo SOAB**

O cálculo da SOAB é feito da seguinte forma: primeiro você calcula a idade das moedas que são emitidas dentro de um determinado período de tempo, como por exemplo, uma hora. Depois você vai ver como este número se compara ao número total de moedas gastas, de modo que você tem uma porcentagem em mãos. Você pode selecionar um conjunto de períodos de tempo, incluindo: <1 hora, 1-24 horas, semanas, meses, trimestres, anos até >10 anos inclusive.

**O que é Glassnode?**

Agora que sabemos um pouco mais sobre indicadores na cadeia, e já trouxe o Glassnode algumas vezes, quero apresentar a vocês o poder desta plataforma de dados e inteligência na cadeia. Este provedor lhe dá acesso a todos os dados na cadeia para você, porque você pode acessar os números de todos os tipos de cadeias de bloqueios diferentes.

A newsletter da Glassnode é completamente gratuita, mantendo você atualizado semanalmente com o estado do mercado de criptografia com números úteis e vídeos legais. Se você realmente quer fazer algo de sua negociação na cadeia de bloqueio, uma assinatura paga é uma idéia melhor.

No final do ano passado (dezembro de 2021), escrevi um extenso artigo sobre os serviços e produtos da Glassnode.

Os benefícios desta ferramenta:
- Grande número de métricas
- Muitos ativos de apoio
- Dados exatos na cadeia
- Fácil de aplicar

**Como você aplica a análise na cadeia?**
Todos os dados sobre a cadeia de bloqueio, mas também sobre as moedas criptográficas, são completamente transparentes, o que lhe permite analisar extensivamente de que forma o mercado está se movendo. Isto lhe dá uma idéia do motivo da subida ou queda dos preços. Use a ferramenta de forma inteligente e não assuma que ela resolverá sem esforço todos os seus problemas, pois obviamente não é para isso que ela se destina.

Naturalmente, é também um quadro bastante lógico, pois se não há movimento no mercado e muitos endereços e moedas estão inativos, então é um mercado lateral e estável. Se, através de sua análise, você vê o número de endereços ativos e o número de transações em moedas criptográficas aumentando, então você pode esperar e ver que algo está acontecendo. Há uma demanda crescente, o que muitas vezes faz com que os preços também aumentem.

Fontes alternativas para análise criptográfica?
Além do Glassnode, você também pode acompanhar as notícias, como por exemplo, através do Twitter.

Estas são algumas contas que têm muito a dizer sobre gráficos, métricas na cadeia e outros assuntos analíticos:

- @100trillionUSD - "Todos os modelos estão errados, mas alguns são úteis".
- @woonomic - "#Bitcoin analyst"
- @chartsBtc - "Um bitcoiner com uma planilha"
- @CaitlinLong_ - "Fundador/CEO @Custodiabank. 22-yr Wall St. veterano"
- @pierre_rochard - "Produto @KrakenFX, assessor @RiotBlockchain".
- @Rhythmtrader - "#Bitcoin
- @finhamsterdam - "Especialista em pagamentos e regulamentação/conformidade do dinheiro digital".

Embora a análise na cadeia forneça muitas informações valiosas, permitindo que você tome melhores decisões sobre sua capacidade comercial, ela não é a solução para grandes lucros. Você realmente precisará de seu conhecimento, experiência e senso comum para chegar a um julgamento confiável.

Com este tipo de análise, você terá uma visão do movimento do mercado e saberá por que ocorrem aumentos e quedas de preços. Isto é valioso, pois você pode usar estas informações em sua decisão de comprar ou vender moedas digitais.

## Derivativos

Os investidores frequentemente têm um portfólio diversificado, que vem em formas e tamanhos. Os derivativos são instrumentos de investimento, que rastreiam um ativo subjacente. Você pode firmar um contrato que se concentra em commodities, uma moeda específica ou um índice.

Neste capítulo vou levá-los através da definição de derivativos, como negociar com eles e quais são os riscos. Uma vez cobertos os conceitos básicos, mergulharemos também nos derivativos criptográficos, porque foi para isso que você veio aqui. Certo?

**O que são derivativos?**
Você ficaria surpreso com a freqüência com que as pessoas pesquisam no Google qual é exatamente o significado de derivados. Na verdade, literalmente, derivado não significa nada mais do que derivado, mas é claro que isto quase não diz nada, então vamos mergulhar um pouco mais adiante.

Opções, futuros e swaps são todos instrumentos de investimento, que também chamamos de derivativos. Esses derivativos seguem um ativo subjacente, tais como commodities, ações ou moedas. Se os preços do valor relevante sobem, então os preços do derivativo também sobem, e vice-versa.

Os derivados são projetados para reduzir o risco para o comprador, porque ao comprar um derivado você tem o direito de comprar ou vender algo por um determinado preço.

## A história dos derivativos

As origens desses instrumentos de investimento estão em algum lugar do século 16, quando os agricultores queriam se proteger dos riscos de seus produtos agrícolas. Na Idade Média, havia um mercado de derivativos super famoso: a bolsa de tulipas de Amsterdã.

Um produtor de tulipas queria ter certeza da venda de seus bulbos, para que más colheitas ou quedas de preços não lhe causassem sofrimento. Ele fez um acordo com um comerciante, no qual foi acordado um preço. É claro que isto era um risco para ambas as partes, pois o preço era mais baixo do que o agricultor poderia cobrar no caso de uma boa colheita, mas mais alto do que ele capturaria no caso de uma quebra de safra.

Esta fixação de preços é chamada de derivativo, já que o ativo subjacente era uma cultura de tulipas. O agricultor reduziu inteligentemente seu risco ao fazer um negócio atraente.

## A grande moda das tulipas

O outono de 1636 viu um grande drama se desenrolar em uma das casas comerciais mais ricas de Amsterdã, de acordo com a wikipedia. Os transeuntes viram o pessoal do senhor rico correndo para frente e para trás, virando tudo de cabeça para baixo. Eles estavam procurando por uma lâmpada de tulipa.

Você poderia estar pensando agora, uma lâmpada de tulipas? Por que todo o drama por causa de uma flor, mas esta lâmpada tinha o valor de 3000 florins. Isto equivale a mais de 600.000 euros na sociedade de hoje, então você pode imaginar a miséria que deve ter sido.

A tulipa tornou-se um símbolo de status e objeto de especulação.

Investidores experientes fizeram um uso inteligente das flutuações de preços, pois ao especular, você pode tornar um contrato muitas vezes mais lucrativo. O frenesi da tulipa na República Holandesa é um exemplo disso!

**Como funcionam os derivativos?**
Os derivados podem proporcionar grandes lucros, mas também podem mergulhar profundamente no vermelho.

**Como isso é possível?**
Por causa do efeito de alavanca. Suponha que você conclua um acordo por um determinado preço, porque você espera que esse preço aumente. Se os preços não subirem subseqüentemente, mas, em vez disso, caírem.

Então você causou alguma dor a si mesmo, porque é isso que você sente nos jornais.

## Como você pode investir em derivativos?

Os derivativos podem ser negociados de várias maneiras, nomeadamente através da bolsa de valores ou mutuamente. Esta negociação mútua, fora da bolsa de valores, também é chamada de OTC: over the counter.

Graças aos contratos padronizados, a negociação é fácil e a liquidez é alta, o que é atraente para o investidor.

Acho que é útil passar primeiro pelos diferentes tipos de derivados, para que você saiba o que deve estar atento. Em nosso sistema financeiro, os derivativos se tornaram indispensáveis no mercado de ações, portanto, preste atenção!

## Diferentes tipos de derivados

Os derivados vêm em todos os formatos e tamanhos, mas certamente não são para o novato no mercado de investimentos.

Há turbos, speeders, boosters e sprinters, mas também opções de compra e venda, opções binárias, CFDs, warrants e muito mais.

Neste capítulo, cobriremos apenas os tipos mais conhecidos de derivados, ou seja, os mais conhecidos:
- Opções

- CFDs
- Futuros
- Swaps
- Opções

Uma opção é um produto financeiro. Ela dá ao comprador deste produto o direito de comprar ou vender um ativo subjacente a um preço fixo. Isto é semelhante à história do fazendeiro de tulipas de Amsterdã, como eu descrevi acima.

Ao comprar tal derivado, uma data de expiração é imediatamente estabelecida, portanto, uma espécie de prazo. O ativo subjacente pode ser uma ação, mercadoria ou determinado índice e o valor da opção é, portanto, baseado no preço deste ativo subjacente.

**CFDs**
O investimento em CFDs está se tornando cada vez mais popular. CFD significa Contract For Difference (Contrato por Diferença). O contrato é celebrado entre o corretor e o investidor e, ao contrário de outras opções, não lhe dá o direito de possuir o ativo subjacente. Se o preço subir, você tem direito a uma distribuição de lucros e se o preço descer, você é obrigado a pagar.

O que você está realmente fazendo com CFDs é especular sobre um aumento ou queda de preços, por meio de uma alavanca.

**Futuros**

Um futuro é um contrato forward, pelo qual comprador e vendedor entram em um acordo. Este acordo contém um tempo e um preço, pelo qual o produto financeiro subjacente é transferido. Portanto, é um compromisso sério que você não deve celebrar sem conhecimento e experiência.

Você compra futuros para commodities, tais como ouro, prata e petróleo. Você também pode colocar seu dinheiro em títulos do governo e índices de ações, isso depende apenas do valor que você vê.

## Swaps

Os swaps são produtos financeiros nos quais duas partes trocam algo. Você deve estar pensando, não? Os flippos estão de volta do passado, mas não, estamos falando de troca de pagamentos de juros.

Um derivativo é usado para cobrir o risco da taxa de juros ou tomar uma posição particular. O valor depende da taxa de juros durante o swap, então você pode imaginar que este é um investimento muito sensível ao tempo.

## Derivados criptográficos

Depois desta longa introdução, onde o enterrei com muito conhecimento, vou agora falar um pouco sobre os derivados criptográficos. Já lhes disse acima que os derivativos seguem um ativo subjacente, tal como uma mercadoria ou moeda. Esta moeda não precisa ser o dólar, mas também pode ser uma moeda criptográfica.

O mercado criptográfico está crescendo a cada dia com grandes saltos, o que também atrai a atenção dos investidores em derivativos. Os derivativos criptográficos abrem um novo mundo para os investidores, por causa de sua flexibilidade e facilidade de negociação.

Você pode comprar esses derivativos tanto na bolsa como fora da bolsa (OTC). O primeiro derivado criptográfico foi lançado em 2012, no fórum Bitcoin. O iniciador era um corretor chamado Satoshi Option, mas isto terminou em um silvo.

Posteriormente, vários produtos foram lançados em 2017, o que acabou se tornando sustentável. LedgerX foi o primeiro a comercializar com sucesso os Derivados de Bitcoin. Eles negociaram mais de US$ 1 milhão na bolsa na primeira semana.

**Derivados DeFi**
Já que estamos na cena digital, vamos também abordar os derivativos no mundo da DeFi. DeFi significa Finanças Descentralizadas, que na minha opinião é o futuro do nosso sistema financeiro.

Os entusiastas estão convencidos de que estes derivados DeFi têm ainda mais vantagens do que qualquer outra forma de investimento. Os melhores contratos inteligentes vêm à mente, mas o que mais é tão especial sobre estas ferramentas de investimento dentro do mundo da DeFi?

**Riscos da negociação de derivativos.**
Você pode estar abrindo sua carteira agora mesmo, para investir em derivativos, mas você está ciente dos riscos? Afinal, nem tudo é sol e rosas, ei! Estes são os maiores riscos, dos quais você, como investidor, deve estar ciente:

Devido à alavancagem, você pode ver enormes diferenças em seu capital investido. Uma pequena flutuação no preço pode ter um grande impacto em seu patrimônio através da alavancagem.

Particularmente no cenário criptográfico, isto é claro que é vigilante, por causa da volatilidade. Em muitos casos, suas perdas podem ser ilimitadas, o que pode deixá-lo profundamente endividado;

O valor dos derivativos é baseado no que o mercado faz. Como resultado, os contratos seguem o preço, mas estão apenas vazios de conteúdo. Se o mercado desabar, como acontece de vez em quando, as posições dos derivativos caem como loucas. Se você quiser saber mais sobre os ciclos econômicos, posso recomendar calorosamente os livros e o conteúdo de Ray Dalio. Muito informativo!

Os derivados são produtos financeiros enormemente complexos, portanto, como um principiante, certifique-se de não entrar às cegas. Esteja bem informado, leia e só negocie quando tiver adquirido conhecimento suficiente!

Custos elevados na negociação de derivativos. Se você investir em uma ação através do DEGIRO ou comprar algumas moedas digitais através do Bitvavo, os custos são muitas vezes zero. Com os derivativos, isto é diferente. Dependendo do tipo de derivativos com os quais você concorda, os custos podem ser bastante altos.

Como você poderia ter lido neste capítulo, investir em derivativos é uma questão complexa. Existem alguns riscos, que você não pode e não quer tomar como garantidos. Há vários tipos de derivativos, que você pode adquirir de duas maneiras diferentes. Eu o levei através do desenvolvimento destes instrumentos de investimento até os dias de hoje, para que você tenha uma boa visão dos desenvolvimentos no setor financeiro.

Além dos derivativos padrão, você também tem derivativos bastante novos, ou seja, contratos de criptografia e DeFi. Estes se unem de forma um pouco diferente, mas acarretam o mesmo risco. É claro que

investir é sempre arriscado, mas os derivativos são
realmente para o investidor sério e experiente.

# Seu livro GRATUITO

Se você quiser fazer um começo lucrativo no mundo da moeda criptográfica, certifique-se de baixar nosso bônus gratuito com **12 dicas extremamente valiosas para iniciantes!**

Com este livro e estas dicas, você terá a garantia de começar bem com seus investimentos futuros!

**Cadastre-se aqui para ter acesso instantâneo e dar o pontapé inicial para o sucesso de seu criptograma:**

https://campsite.bio/stellarmoonpublishing

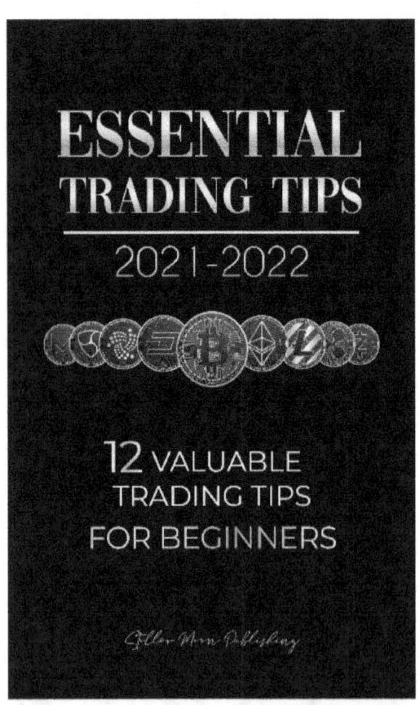

Nosso Curso de Negociação de

## Especialistas em Cripto

*Você está procurando uma nova maneira de investir?*

*Você está procurando ganhar algum dinheiro?*

*Interessado em investir mas não sabe por onde começar?*

**Você quer iniciar suas negociações criptográficas com o conhecimento de especialistas de renome em finanças e investimentos?**

O Curso de Negociação Especializada em criptografia é o curso mais abrangente sobre negociação e investimento com moedas criptográficas. Você aprenderá como negociar em apenas alguns minutos por dia. Nós ensinamos tudo desde análise técnica, gerenciamento de risco, e muito mais.

**Nosso objetivo é ajudá-lo a tornar-se um comerciante de sucesso para que seu futuro financeiro possa ser seguro.**

Investir nunca foi tão fácil com nosso plano passo a passo que ensina os iniciantes a negociar como um especialista - com o potencial de obter enormes lucros!

A melhor parte deste curso é ensinada por especialistas. Então, do que você está esperando? Comece hoje mesmo!

**Para mais informações, visite este link:**

https://payhip.com/b/ork8N